PROZESSRECHTLICHE ABHANDLUNGEN
HERAUSGEGEBEN IN GEMEINSCHAFT MIT
HEINRICH GERLAND · AUGUST HEGLER
EDUARD KOHLRAUSCH · JOHANNES NAGLER
VON
JAMES GOLDSCHMIDT
II

DIE EINWIRKUNG DES VERGLEICHSVERFAHRENS ZUR ABWENDUNG DES KONKURSES AUF SCHWEBENDE VERTRÄGE

VON

DR. JUR. HANS MAEDER
BERLIN

VERLAG VON JULIUS SPRINGER · BERLIN 1929

ISBN 978-3-642-51275-9 ISBN 978-3-642-51394-7 (eBook)
DOI 10.1007/ 978-3-642-51394-7

Inhaltsverzeichnis.

IV. Besonderheiten.

Abkürzungen.

Bl. f. A. = Blätter für Arbeitsrecht.
NZfA. = Neue Zeitschrift für Arbeitsrecht.
W. u. R. = Wirtschaft und Recht.
K. u. T. = Konkurs- und Treuhandwesen.
JR. = Juristische Rundschau.
AG. = Arbeitsgericht.
LAG. = Landesarbeitsgericht.
RAG. = Reichsarbeitsgericht.

Im übrigen sind Gesetze und Zeitschriften in der üblichen Weise abgekürzt.

Erster Teil.

Einleitung.

§ 1.

Der am 11. Juni 1926 von der Reichsregierung dem Reichstag vorgelegte Entwurf eines Gesetzes über den Vergleich zur Abwendung des Konkurses[1] erfüllte die schon bald nach dem Inkrafttreten der Konkursordnung und in der Folgezeit mit noch größerem Nachdruck erhobenen Forderungen auf Schaffung eines Präventivakkordes[2]. Zwar kannte schon die erweiterte Bundesratsverordnung über das Geschäftsaufsichtsverfahren vom 14. Dezember 1916 — RGBl. I, 1363 — einen Zwangsvergleich zur Abwendung des Konkurses, doch war dieser von der Eröffnung der Geschäftsaufsicht abhängig[3] und, ähnlich wie im Konkurs nur eins der mehreren Mittel zur Beendigung des Verfahrens.

Die Tendenz des Zwangsakkordes zur Abwendung des Konkurses geht dahin, das schuldnerische Vermögen anders als im Konkurs nicht mit dem Ziel möglichst hoher Gläubigerbefriedigung unter wirtschaftlicher und moralischer Vernichtung einer Existenz ohne Rücksicht auf Verschulden und Würdigkeit des Kridars zu versilbern, sondern vielmehr dem schutzwürdigen insolventen Schuldner, der das Vertrauen seiner Gläubiger besitzt, über die Notlage hinwegzuhelfen und die Gesamtwirtschaft vor einem oft in weite Kreise übergreifenden Zusammenbruch eines einzelnen Wirtschaftszentrums zu bewahren.

Die Vergleichsordnung (VO.), die am 5. Juli 1927 vom Reichstag verabschiedet, am 1. Oktober 1927 Gesetzeskraft erlangt hat[4] —

---

[1] Reichstag, III. Wahlperiode 1924/26, Drucksache Nr. 2340.

[2] Motive zur KO. I, Bd. 2, S. 218, 223. — KOHLER: Leitfaden, S. 164. — SCHOURP: Der Zwangsvergleich zur Verhütung des Konkurses, S. 11. — BERNICKEN: Präventivakkord, S. 39, 66. — POLLACK: Österr. Ger.-Ztg. 1895, Nr. 46. — Über den 31. Deutschen Handelstag: JW. 1905, 473, 629; DJZ. 1905, 753. — Denkschrift des Reichsjustizamts vom 1. Dezember 1906: Reichstag, 11. Legislaturperiode 1905/07, Drucksache Nr. 596.

[3] § 33 der Verordnung.

[4] Die Zahl der Vergleichsverfahren betrug im Januar 1928: 204, im April 1929: 464!

RGBl. I, 139 —, lehnt sich in zahlreichen Vorschriften an die KO. und die Geschäftsaufsichtsverordnung (G-AV.) an, enthält aber andererseits eine Reihe von Normen, die der neuartigen und von den bisherigen konkursrechtlichen Gesetzen abweichenden rechtlichen Natur des Präventivakkordes entsprechend ein novum darstellen. Die Einwirkung des Vergleichsverfahrens auf schwebende Verträge gründet sich indes auf Vorschriften, die der VO. als solcher nicht eigentümlich sind. Man hat schon früher erkannt, daß die vorzeitige Abwicklung unerfüllter Gegenseitigkeitsverträge ein zur Befreiung der Masse von oft drückenden Verpflichtungen unumgängliches Erfordernis ist[1]. Entgegen dem ersten von der Reichsregierung vorgelegten Entwurf enthält denn auch die VO. in den §§ 4, 28—30, ähnlich wie die KO. in § 17ff. und die G-AV. in der Fassung vom 16. Dezember 1916[2] in §§ 9—11, 13 Ziff. 2 und Abs. 2, Regeln über die Einwirkung des Verfahrens auf schwebende gegenseitige Verträge. Die Durchführung der vorzeitigen Abwicklung ist freilich eine von den beiden übrigen Verfahren abweichende, wie auch die gesetzgeberischen Motive nicht identisch sind: Im Konkurs ist vornehmlich der Gläubigerschutz der leitende Gedanke für die Vor-

[1] Allgemeine Gerichtsordnung (1793), Titel 50, § 39; preußische KO. (1855), § 15—21; die bayerische ZPO. (29. April 1869) behandelt in Art. 1220 die Einwirkung des Konkurses auf Miet- und Pachtverträge; ebenso die österreichische KO. (9. Januar 1869) in §§ 22, 23. Der c. com. schweigt — abgesehen von der Vorschrift über Mietverträge: art. 450 — über die Abwicklung solcher Rechtsgeschäfte; ergänzend greift jedoch das Gesetz über den Präventivakkord ein (4. März 1889): Loi portant modification à la législation de la faillite. Das Konkursrecht Belgiens — loi sur les faillites banqueroutes et sursis (18. April 1851) —, Spaniens — HGB. (22. August 1885), Buch IV und ZPO. (3. Februar 1881), Titel 13 —, Bulgariens — HGB. (30. Mai 1837), Buch II —, Italiens — HGB. (30. Oktober 1882), Buch III — und der Vereinigten Staaten von Nordamerika — The United States Bankruptcy Land (1. Juli 1898) — kennt eine Abwicklung nicht. Dem englischen Recht — The bankruptcy Akt (25. August 1883), § 55, 4 — und dem dänischen Recht — Gesetz vom 25. März 1872 — § 13ff. ist eine dem § 17 KO. entsprechende Vorschrift bekannt. Das dänische Zwangsvergleichsgesetz (14. April 1905) sieht dagegen eine Abwicklung nicht vor; ebensowenig das Konkursgesetz (6. Juni 1883) und das Gesetz über den Präventivakkord Norwegens (6. Mai 1899 und 2. Juni 1906). Das holländische Konkursgesetz (9. Juni 1902) enthält in dem vortrefflich gefaßten Art. 37 eine Vorschrift über die Ablehnung von Verträgen. Leider schweigen die österreichische Ausgleichsordnung (10. Dezember 1914) und die ungarische Ausgleichsordnung (16. November 1914) über diese Materie völlig. Die Präventivakkordgesetze Belgiens — La loi relative au concordat préventif de la faillite (29. Juni 1887) —, Italiens — legge sul concordato preventivo e sulla procedura dei piccolli fallimenti (24. Mai 1903) —, der Schweiz (11. April 1889), Art. 311 Abs. 2, kennen eine Abwicklungsmöglichkeit.

[2] Noch nicht in der Fassung vom 6. August 1914. Gerügt von BUHMANN: LZ. 1916, 1213.

schriften § 17ff. KO.[1]. Im Geschäftsaufsichtsverfahren war das in die Hände des Verfahrensschuldners selbst gelegte Ablehnungs- und Kündigungsrecht lediglich durch die Tendenz der Erhaltung der schuldnerischen Existenz bedingt, wie überhaupt die G-AV. auf dem Grundsatz des Schuldnerschutzes beruht. In den Motiven zur VO. wird dagegen „das Zustandekommen des Vergleichs und die wirtschaftliche Gesundung des Schuldners" als vorzüglicher Grund zur Vertragsabwicklung bezeichnet[2]. Damit ist die dem Vergleichsverfahren eigentümliche Verbindung von Schuldner- und Gläubigerschutz auch in diesen Sondervorschriften zum Ausdruck gebracht.

Die Untersuchung über die Einwirkung des Vergleichsverfahrens auf schwebende Verträge umfaßt die Behandlung des gegenseitig verpflichtenden, zur Zeit der Verfahrenseröffnung auf beiden Seiten noch nicht vollständig erfüllten Vertrages, ferner aber auch über die ausdrückliche gesetzliche Regelung hinaus eine Darstellung der Verfahrenseinwirkung auf einseitig verpflichtende Verträge. Den Ausführungen allgemeiner Natur, die für sämtliche Verträge gelten (Teil II), wird im Teil III die Untersuchung der Einwirkung des Vergleichsverfahrens auf die wichtigsten typischen Verträge folgen.

Zweiter Teil.

Allgemeines über die Einwirkung des Vergleichsverfahrens auf schwebende Verträge.

Bevor auf die Behandlung des gegenseitigen Vertrages im Vergleichsverfahren eingegangen wird, sind zunächst Bemerkungen über den Begriff des Vertrages und seine Arten nach den Verpflichtungen der Parteien am Platze.

A. Begriff und Arten des Vertrages.

§ 2.

1. Vertrag ist der übereinstimmende rechtsgeschäftliche Wille zweier oder mehrerer Personen. Nach seinem Inhalt scheidet man obligatorische, dingliche, familien- und erbrechtliche Verträge. Lediglich die

[1] Oetker: Der Vertrag soll nur dann vom Konkursverwalter erfüllt werden, wenn seine Erfüllung vermutlich für die Masse von Vorteil ist. ZZP. 25, S. 11.

[2] Motive zur VO. zu §§ 28—30.

obligatorischen Verträge sind ausnahmslos Gegenstand der konkursrechtlichen Sonderregelung; sie werden nach den durch sie ausgelösten Parteiverpflichtungen in gegenseitig, streng und nicht streng einseitig verpflichtende Verträge gesondert.

Beim gegenseitigen Vertrag versprechen sich die Parteien wechselseitig Leistungen, wobei jede Leistung das Entgelt für die Gegenleistung sein soll[1]. Beide Parteien sind demnach berechtigt und verpflichtet unter dem Gesichtspunkt eines Äquivalenzverhältnisses[2] derart, daß die Verpflichtung jeder Partei von der Gültigkeit der Gegenverpflichtung (genetische Abhängigkeit) abhängig ist und nur mit Rücksicht auf diese geltend gemacht werden kann (funktionelle Abhängigkeit)[3]. Der streng einseitig verpflichtende Vertrag entwickelt eine Leistungspflicht nur einer Partei an die andere, während der nicht streng einseitige Vertrag ein dem Anspruch der berechtigten Partei inhaltlich beschränkteres Gegenforderungsrecht der anderen enthält, für letzteres jedoch der Gesichtspunkt der Entgeltlichkeit der gegenseitigen Forderungen entfällt.

Die enge Verbundenheit der sich aus einem gegenseitigen Vertrag ergebenden beiderseitigen Verpflichtungen kann von vornherein die unmittelbare Folge seiner abstrakten rechtlichen Natur sein (Beispiel: Der Kaufvertrag § 433 BGB.). Oder aber ein seiner Natur nach einseitig verpflichtender Vertrag wird durch Parteivereinbarung mit gegenseitigen Leistungspflichten, die im Äquivalenzverhältnis stehen, ausgestattet und erhält den Charakter eines Gegenseitigkeitsvertrages (Beispiel: dem Bürgen wird für die Bürgschaftsübernahme ein Kredit gewährt). Die abweichende Ansicht OETKERS[4], die auf dessen Lehre vom numerus clausus der gegenseitigen Verträge führt, ist mit dem Grundsatz der Vertragsfreiheit unvereinbar und stellt sich auf den für das deutsche Recht abzulehnenden römisch-rechtlichen Standpunkt, daß Verträge mit einseitigem Charakter niemals durch Parteidisposition zu gegenseitigen werden können. Es erscheint vielmehr unwesentlich für den Begriff des gegenseitigen Vertrages, ob dieser schon durch seinen abstrakten Typus oder erst durch Parteivereinbarung seinen rechtlichen Charakter erhält[5]; entscheidend ist die besondere Eigenart des Einzelgeschäftes und der Vertragswille. Sofern demnach auch die Gegenleistung ein der Hauptleistung gegenüber ausreichendes Äquivalent nach dem Parteiwillen nicht darstellt, wird dadurch der Ver-

---

[1] OERTMANN: Komm. Vorb. zu §§ 320—327, Nr. 3.

[2] JAEGER: KO. § 17 Anm. 1; KonkR., S. 20. — WILMOWSKI-KURLBAUM, S. 95. — MENTZEL: KO. § 17 Anm. 1. — RG. LXV, 47.

[3] OERTMANN: Komm. a. a. O., Nr. 2.

[4] OETKER: S. 25. — Vgl. auch WOLFF: S. 116. — MARKMANN: S. 34.

[5] ENNECCERUS: § 256 Anm. 5. — OERTMANN: Komm., S. 180. — ENDEMANN: S. 160. — WILMOWSKI-KURLBAUM: S. 95. — PETERSEN-KLEINFELLER: S. 91. — KOHLER: Leitfaden, S. 93. — RG. LXVI, 425.

einbarung die Natur eines gegenseitigen Vertrages nicht genommen, wenn nur jede Leistung das Entgelt der anderen sein soll[1].

2. a) Die wichtigsten gegenseitigen Verträge sind Kauf (§ 433 BGB.), Tausch (§ 515 BGB), Werklieferung (§ 651 BGB.), Miete (§ 535 BGB.), Pacht (§ 581 BGB.), Dienst- und Werkverträge (§§ 611, 631 BGB.), der Gesellschaftsvertrag (§ 705 BGB.), Spedition (§ 407 HGB.), Fracht- (§ 425 HGB.) und Lagergeschäft (§ 416 HGB.), der entgeltliche Verwahrungsvertrag (§ 688 BGB.), der Verlags- und Insertionsvertrag, der Agentur- (§ 84 HGB.) und Mäklervertrag (§ 93 HGB.), die Versicherung und der bürgerlich-rechtliche Vergleich (§ 779 BGB.). Auch der Tarifvertrag enthält gegenseitige im Äquivalenzverhältnis stehende Verpflichtungen.

Der Mäklervertrag des BGB. (§ 652) fällt nur dann hierunter, wenn auch der Mäkler neben dem Auftraggeber, der sich zur Zahlung eines Lohnes für den Nachweis der Gelegenheit eines Vertrages oder für die Vermittlung im Falle des Zustandekommens des Abschlusses verpflichtet, eine Verpflichtung zum Nachweis oder zur Vermittlung übernimmt. Im anderen Falle ist der Vertrag streng einseitig verpflichtend[2]. Der Ehemäklervertrag ist entgegen der Ansicht SANDROCKS[3] ebenfalls als gegenseitiger Vertrag aufzufassen.

Aktienübernahme und Aktienzeichnung (§ 188/89 HGB.) sind entgegen früherer Rechtsprechung[4] und auch heute noch vertretener Ansicht[5] nicht als gegenseitiger Vertrag mit der in Entstehung begriffenen Aktiengesellschaft anzusehen, da die Zahlung der Einlagen nicht die entgeltliche Gegenleistung für die Gewährung der Mitgliedschaftsrechte ist[6]. Freilich liegt ein gegenseitiger Vertrag vor, wenn dem Aktionär neben der Zahlungspflicht oder ausschließlich Sacheinlagen vertraglich auferlegt sind (§ 212 HGB.), und die Gesellschaft, wie in der Regel, eine Gegenleistung dafür übernimmt[7]. Auch der Beitritt zu einer Genossenschaft und Zahlung des Anteils ist nicht Ausfluß eines gegenseitigen Vertrages[8].

---

[1] OERTMANN: a. a. O. — MENTZEL: KO. § 17 Anm. 1. — ENNECCERUS: § 256 Anm. 1.

[2] ENNECCERUS: § 377 I. Den Mäklervertrag halten stets für gegenseitig DERNBURG: § 338[1]; CROME: Part. Rechtsgesch., S. 415; SCHOLLMEYER: S. 113. Vgl. JAEGER: KO. § 17 Anm. 1.

[3] SANDROCK: S. 40.

[4] ROHG. 25, 292; RG. II, 263.

[5] GOLDMANN: HGB. § 218 Anm. 22. — LEHMANN: HGB. § 218 Anm. 8. — WILMOWSKI-KURLBAUM: § 17 Anm. 3.

[6] JAEGER: KO. § 17 Anm. 4. — MENTZEL: § 17 Anm. 1[c]. — STAUB-PINNER: HGB. § 218 Anm. 15. — WOLFF: § 17 Anm. 4. — KOHLER: Leitfaden, S. 93; RG. XXXI, 20; LXXIX, 177; JW. 1919, S. 190.

[7] JAEGER: KO. § 17 Anm. 7. — STAUB-PINNER: HGB. § 212 Anm. 6.

[8] SAENGER: JW. 1929, S. 681.

b) Der Darlehnsvertrag ist streng einseitig, selbst bei Zinsvereinbarung[1], da diese nur eine Nebenverpflichtung des Empfängers, nicht aber eine im Äquivalenzverhältnis stehende Gegenleistung ist[2]. Pfandbestellung zur Sicherheit des Darlehnsgebers ändert an der rechtlichen Natur des Darlehnsvertrages nichts[3]. Ein Darlehnsversprechen (§ 610 BGB.) ist gegenseitiger Vertrag, wenn der Empfänger die Annahme ausdrücklich verspricht; gibt dagegen nur der Darlehnsgeber das Versprechen, ein Darlehen zu geben, so ist die Annahme eines gegenseitigen Vertrages schon deswegen nicht möglich, weil die Verpflichtung zur Rückzahlung nicht Gegenleistung für die Erfüllung des Darlehnsversprechens ist, vielmehr erst mit dessen Erfüllung zur Entstehung kommt[4]. Auch die Schenkung ist streng einseitig verpflichtender Vertrag, selbst wenn dem Beschenkten eine Auflage gemacht ist[5]. Dasselbe gilt von der Bürgschaft, wenngleich durch Vereinbarung einer Gegenleistung als Entgelt für das Bürgschaftsversprechen der Vertrag ein gegenseitiger werden kann[6]. Die Auslobung ist stets ein einseitiger Vertrag[7].

c) Die wichtigsten Verträge, bei denen neben der Hauptleistung einer Partei auch eine nicht als Entgelt für diese gedachte Nebenverpflichtung vorkommen kann, sind Auftrag (§ 662 BGB.), unentgeltliche Verwahrung (§ 690 BGB.) und Leihe (§ 598 BGB.). Nebenverpflichtungen sind in diesen Fällen Auslagen- oder Schadensersatz (§§ 670, 693/94, 606 BGB.). Auf den Auftrag findet indes die Annahme, der Begriff des gegenseitigen Vertrages bestimme sich nach seinem abstrakten Typus oder der konkreten Parteivereinbarung, naturgemäß keine Anwendung, da die Vereinbarung einer Gegenleistung des Auftraggebers dem Vertrage den Charakter der Unentgeltlichkeit nimmt

---

[1] A. A.: AFFOLTER: Arch. f. BürgR. 26, 5.

[2] OERTMANN: Komm., S. 653. — CROME: BGB. II, S. 596. — JAEGER: KO. § 17 Anm. 2.

[3] JAEGER: a. a. O. — BOLZE: Rechtspr. 20, Nr. 852. — SANDROCK: S. 34. — GRUCHOT: 53, 841. — RG. in WARNEYER: 1912, 207. A. A. offenbar MEYER: VO. § 4 Anm. 8.

[4] WOLFF: KO. § 17 Anm. 4. — WAECHTER: S. 101. — JAEGER: KO. § 17 Anm. 2. — SARWEY-BOSSERT: S. 98. — KOHLER: Leitfaden, S. 93. — ENNECCERUS: § 364 Anm. 2. — SANDROCK: S. 35.

[5] A. A.: SARWEY-BOSSERT: KO. § 17 Anm. 1. — BRACHMANN: S. 14. — SCHAD: S. 123. — AMON: S. 12. — Diese Meinung übersieht, daß die Verpflichtung zur Erfüllung der Auflage nicht als Entgelt für die Schenkung aufzufassen ist und daß, selbst wenn dies vereinbart wird, die Zuwendung mit der damit verbundenen Entgeltlichkeit den Schenkungscharakter verliert. Vgl. JAEGER: KO. § 17 Anm. 2. — OERTMANN: Komm., S. 180. — MENTZEL: KO. § 17 Anm. 1.

[6] RG. LXVI, 425; LXXXIV, 228. — MENTZEL: KO. § 17 Anm. 1b. — JAEGER: KO. § 17 Anm. 3.

[7] JAEGER: KO. § 17 Anm. 2. — A. A.: KOHLER: Bürg. A. 25, 1.

und ihn zu einen Dienst- bzw. Werkvertrag macht. Dasselbe gilt auch für den unentgeltlichen Kreditauftrag[1], nicht aber für den entgeltlichen, der als Geschäftsbesorgungsvertrag kraft der in ihm enthaltenen Dienst- oder Werkleistung gegenseitiger Vertrag ist[2]. Im übrigen ist nur die unentgeltliche Verwahrung ein einseitiger Vertrag: sobald eine Gegenleistung vom Verwahrenden erbracht wird, wie beim Lagergeschäft[3], Depotgeschäft oder beim Stahlkammervertrag[4], liegt regelmäßig ein gegenseitiger Vertrag vor. Zu beachten ist ferner, daß bei Vereinbarung einer Gegenleistung für die Hingabe einer „geliehenen" Sache zum Gebrauch der Vertrag als Miete erscheint[5].

Nach dieser bürgerlich-rechtlichen Abgrenzung der wesentlichsten Vertragstypen kann an die Untersuchung der Frage herangetreten werden: Wie wirkt das Vergleichsverfahren über einen bzw. beide Kontrahenten eines zur Zeit der Eröffnung noch nicht voll erfüllten gegenseitigen oder einseitigen Vertrages?

Voran geht die Behandlung des gegenseitigen Vertrages.

B. Der gegenseitige Vertrag.

I. § 4 VO. und seine Voraussetzungen.

§ 3. Grundsätzliches zu § 4 VO.

Der für das Schicksal schwebender gegenseitiger Verträge im Vergleichsverfahren grundlegende § 4 VO. lautet:

„Gläubiger, deren Ansprüche auf einem gegenseitigen[6] Vertrage beruhen, der zur Zeit der Eröffnung des Vergleichsverfahrens von dem Schuldner und von dem anderen Teile noch nicht oder noch nicht vollständig erfüllt ist, sind an dem Verfahren nicht beteiligt und werden von dem Vergleich nicht betroffen. Die Vorschrift des § 30 bleibt unberührt."

Der Grundgedanke des Präventivakkordes, den schutzwürdigen insolventen Schuldner vor der Liquidierung seiner noch vorhandenen Aktiven zu bewahren und möglichst wenig in seine Rechtsstellung zwecks Erhaltung seiner Existenz einzugreifen, findet, wie schon bemerkt, neben anderen Vorschriften der VO. besonders auch in § 4 VO. seinen Ausdruck:

---

[1] JAEGER: KO. § 17 Anm. 3.

[2] JAEGER: a. a. O. — SANDROCK: S. 38.

[3] JAEGER: a. a. O. — DÜRINGER-HACHENBURG: HGB. § 416 Vorb. 4. — STAUB-KOENIGE: HGB. § 416 Anm. 5. — WOLFF: KO., S. 116.

[4] DÜRINGER: Bankarchiv 5, 65. — JAEGER: a. a. O.

[5] WILMOWSKI-KURLBAUM: S. 95. — OERTMANN: Komm., S. 644.

[6] Die in § 4 VO. und auch schon in § 9 G-AV. gewählte Bezeichnung „gegenseitige Verträge" verbessert die als ungenau gerügte Bezeichnung „zweiseitige Verträge" in § 17 KO.

der Bestand gegenseitiger, vom Schuldner zur Zeit der Vergleichseröffnung mit einem Dritten abgeschlossener, aber auf beiden Seiten nicht oder noch nicht vollständig erfüllter Verträge wird durch die Eröffnung des Vergleichsverfahren über eine Partei nicht berührt; diese Verträge können unabhängig vom Verfahren weiter erfüllt werden. Der Gläubiger kann in Durchbrechung der in § 2 VO. aufgestellten Regel, wonach diejenigen Gläubiger am Vergleichsverfahren beteiligt und vom Vergleich betroffen sind, die nicht bevorrechtigte Konkursgläubiger wären, wenn statt des Vergleichsverfahrens der Konkurs eröffnet worden wäre, volle Befriedigung unter Erbringung seiner eigenen Leistung verlangen. §4 VO. ist nun kein novum; er entspricht inhaltlich dem §13 Ziff. 2 der G-AV. Die KO. dagegen kennt diesen Satz nicht. Für die Gläubiger aus beiderseits noch nicht vollständig erfüllten gegenseitigen Verträgen gilt zwar nicht §3 KO., wonach sie also mit ihrer zur Zeit der Konkurseröffnung bereits begründeten Erfüllungsforderung am Verfahren teilnehmen, ihrerseits freilich voll an die Masse leisten würden. Es tritt vielmehr mit Rücksicht auf die Billigkeit und das Interesse an der Stärkung der Masse mit der Konkurseröffnung ein Schwebezustand zwischen weiterer Vertragserfüllung und Vertragsabwicklung bis zur dahingehenden Wahlerklärung des Konkursverwalters ein. Während also im Konkurs für den Vertragsgegner die Möglichkeit, Erfüllung der Gegenleistung unter Erbringung der eigenen Leistung zu verlangen, von der Erklärung des Verwalters abhängt, hat der Gläubiger im Vergleichsverfahren seines Gegners umgekehrt von vornherein Anspruch auf volle Erfüllung gegen den Vergleichsschuldner trotz der Verfahrenseröffnung und wird erst im Falle der Ablehnung gemäß § 28 VO. Vergleichsgläubiger im Sinne von § 2 VO. bezüglich der sich aus § 30 VO. ergebenden Schadensersatzforderung wegen Nichterfüllung. Die Erfüllung ist also hier das Primäre, die Nichterfüllung das Sekundäre. Im Konkurs tritt dagegen diese Sukzession nicht ein, da zwischen der Konkurseröffnung und der Wahlerklärung des Verwalters weder erfüllt noch nicht erfüllt wird. Diese Abweichung des Vergleichsrechts vom Konkursrecht erklärt sich damit, daß es beim Präventivakkord ein der Konkursmasse entsprechendes Gebilde nicht gibt, da das Vermögen des Schuldners hier in keiner Weise bei der Verfahrenseröffnung einer Beschlagnahme zugunsten der Gläubiger unterliegt[1], und daß die geschäftlichen Beziehungen des Schuldners möglichst unangetastet bleiben sollen. Der Vergleichsschuldner bleibt daher in der Lage, auch nach der Eröffnung über seine Aktiven zur Erfüllung schwebender Verträge zu verfügen. Soweit die Befriedigung dieser Gläubiger ohne Gefahr für das Zustandekommen des Vergleichs durchgeführt werden kann, schien dem Gesetzgeber mit Recht eine Beteiligung auch

[1] Ein vom Vergleichsgericht erlassenes allgemeines Veräußerungsverbot steht freilich einer Beschlagnahme nahe.

der Gläubiger aus gegenseitigen Verträgen am Verfahren nicht erforderlich, zumal die vorzeitige Abwicklungsmöglichkeit solcher Verträge eine hinreichende Sicherheit für die Nichtgefährdung des Vergleichs bietet.

Indem § 4 VO. zum Ausdruck bringt, daß der rechtliche Bestand schwebender Gegenseitigkeitsverträge durch die Vergleichseröffnung nicht beeinflußt wird, erübrigt sich ein Eingehen auf die im Konkursrecht streitige Frage, ob die Verfahrenseröffnung die Nichterfüllung des Vertrages unmittelbar zur Folge habe[1] oder nicht.

Die Einwirkung der Eröffnung des Vergleichsverfahrens auf schwebende Gegenseitigkeitsverträge ist jedoch nicht als völlig negativ anzusehen: die Eröffnung kann in Verbindung mit einer Parteierklärung zu einer inhaltlichen Änderung der Vertragsansprüche führen (§ 28 bis 30 VO.).

Entscheidend für die Anwendung des § 4 VO. ist die beiderseits noch nicht vollständig bewirkte Erfüllung zur Zeit der Eröffnung des Vergleichsverfahrens. Wann liegen diese Voraussetzungen vor?

§ 4. Die Erfüllung und die nicht vollständige Erfüllung.

1. Wann ein Vertrag als erfüllt im Sinne von § 17 KO. anzusehen ist, bestimmt sich nach allgemeiner Meinung nach dem Vertragsinhalt, der Parteiabsicht und dem bürgerlichen Recht[2]. Es besteht kein Anlaß, hiervon in § 4 VO. abzugehen, da hier wie dort die Sachlage die gleiche ist.

Die Erfüllung ist der primäre Erlöschungsgrund eines Schuldverhältnisses. § 362 BGB. sagt, daß das Schuldverhältnis erlischt, wenn die geschuldete Leistung an den Gläubiger bewirkt wird. Fehlt es auch an einer Legaldefinition des Erfüllungsbegriffs im BGB., so ist doch aus § 362 BGB. zu entnehmen, daß Erfüllung die Leistung des nach dem Vertragsinhalt Geschuldeten ist. In jedem Vertrage ist nun ein vereinbarter Leistungserfolg seitens jeder Partei zu bewirken, der ein tatsächlicher — Herstellung eines Werkes — oder ein rechtlicher — Übertragung des Eigentums an den Käufer — sein kann. Solange dieser Leistungserfolg vermöge der dem Schuldner auferlegten Leistungshandlungen noch nicht eingetreten ist, fehlt es an der Erfüllung im Sinne von § 362 BGB., selbst wenn der Schuldner alle ihm zur Pflicht gemachten und möglichen Leistungshandlungen vollständig vorgenommen hat[3]. Ist demnach der Leistungserfolg, den jede Partei zu bewirken

[1] Hahn-Mugdan: Motive zur KO., S. 67. — Vgl. Jaeger: KO. § 17 Anm. 40. — Wilmowski-Kurlbaum: § 17 Anm. 6.

[2] Sarwey-Bossert: S. 99. — Oetker: S. 27. — Wilmowski-Kurlbaum: S. 96.

[3] Jaeger: Geht die geschuldete Leistung auf Bewirkung des Erfolges, dann hat der Schuldner nicht schon dann erfüllt, wenn er das Seine zur Herbeiführung des Erfolges tat, also die Leistungshandlung vornahm, sondern erst, wenn der Erfolg selbst eingetreten ist. KO. § 17 Anm. 10.

hat, noch von keiner Seite bewirkt worden, so findet § 4 VO. Anwendung.

OERTMANN[1] vertritt eine abweichende Meinung. Erfüllung läge schon dann vor, wenn alle Leistungshandlungen erbracht sind. „Leistungshandlung" und „Leistungserfolg" werden dabei in der Erwägung, daß „Erfüllung" nicht gleich „Leistung" im bürgerlichen Recht ist, streng geschieden. Diese Lehre führt aber zu der recht angreifbaren Folge, daß der Verkäufer z. B. beim Versendungskauf schon mit der Absendung der Ware erfüllt hat[2], oder beim Verkauf unter Eigentumsvorbehalt schon mit der Übergabe der Sache an den Käufer[3], weil damit alle dem Schuldner auferlegten und möglichen Leistungshandlungen von diesem erbracht sind. Ob diese Konsequenzen dem Verkehrsbedürfnis oder der Parteiabsicht jeweils entsprechen, mag dahingestellt bleiben; jedenfalls muß OERTMANN selbst einräumen, daß das Verhältnis von Leistungshandlung und Leistungserfolg noch nicht genügend geklärt ist[4].

Nichterfüllung liegt demnach vor, wenn der Leistungserfolg nicht in der geschuldeten Weise eingetreten ist. Das ist einmal dann der Fall, wenn noch nicht alle zur Herbeiführung des Erfolges erforderlichen Leistungshandlungen vorgenommen sind, aber auch dann, wenn sie mangelhaft vorgenommen sind, z. B. wenn am unrichtigen Ort oder zur unrichtigen Zeit geleistet wurde, von mehreren Teilleistungen noch nicht alle gemacht sind oder die Leistung mit Rechts- oder Sachmängeln behaftet ist. Die Bewirkung einer anderen Leistung als der geschuldeten derart, daß ein von der Parteivereinbarung abweichender Leistungserfolg eintritt, oder einer nur unvollständigen Erfüllung schließt aber die Anwendbarkeit von § 4 VO. aus, wenn der Empfänger die Leistung vorbehaltlos angenommen hat. Es bleibt unerheblich, ob der Schuldner in Person oder ob ein Dritter den Leistungserfolg herbeiführte, sofern nicht eine individuelle Leistungspflicht des Schuldners bestand (§ 267 BGB.). Im letzteren Fall findet § 4 VO. Anwendung, so besonders im Zweifel beim Dienstvertrag (§ 613 BGB.), beim Auftrag (§ 664 BGB.) und beim Verwahrungsvertrag (§ 691 BGB.). Hierbei sei bemerkt, daß Verträge, durch die der Vergleichsschuldner eine persönliche Leistung versprochen hat oder sich hat versprechen lassen, mangels einer Vergleichsmasse im Gegensatz zum Konkursrecht der Regel des § 4 VO. unterstehen.

Im Sinne von § 4 VO. ist der Vertrag nicht vollständig erfüllt, wenn auch ein nur geringer Teil an der Leistung fehlt. Es besteht kein Anlaß

---

[1] OERTMANN: LZ. 1927, 9ff.; Komm., S. 86, 117. — Ihm folgt SANDROCK: S. 50ff.

[2] OERTMANN: a. a. O., S. 16. — SANDROCK: S. 82.

[3] OERTMANN: a. a. O., S. 13. — SANDROCK: S. 77.

[4] OERTMANN: a. a. O., S. 9.

angesichts des klaren Gesetzeswortlautes, sich etwa auf Grund analoger Anwendung von § 320 Abs. 2 BGB. der Ansicht von KISCH[1] zu § 17 KO. anzuschließen, wonach der Konkursverwalter das Wahlrecht nicht mehr ausüben könne, wenn eine Ablehnung der Erfüllung wegen verhältnismäßiger Geringfügigkeit des rückständigen Teils wider Treu und Glauben verstoßen würde. § 17 KO. und § 4 VO. sind spezielle, auf die Bedürfnisse des Konkurses und des Vergleichs abgestellte Vorschriften, die eine analoge Anwendung der allgemeinen bürgerlich-rechtlichen Sätze nicht vertragen. Der Gesetzgeber wollte den Gläubiger in allen Fällen nicht am Verfahren beteiligt wissen, in denen beiderseits noch nicht vollständig erfüllt ist. Den Gläubiger aber bei einer geringen Restforderung zum Vergleichsgläubiger werden zu lassen, entspricht nicht der ratio legis. Wer sollte auch entscheiden, was im Einzelfall ein unerheblicher Leistungsrückstand ist und was nicht? Mit der allgemeinen Meinung ist vielmehr ebenso für § 4 VO.[2] wie für § 17 KO.[3] daran festzuhalten, daß auch geringe Rückstände die Nichtbeteiligung des Gläubigers am Verfahren nicht ausschließen.

Der Vertrag ist auch dann nicht vollständig erfüllt, wenn die Parteien ein Zurückbehaltungsrecht ausüben[4].

Die zunächst vollständige Erfüllung eines Vertrages schließt nicht aus, daß infolge eines später, noch vor der Eröffnung des Vergleichsverfahrens über einen der Kontrahenten erklärten Rücktritts oder einer Wandlung § 4 VO. in Anwendung kommt, wenn die durch die Rücktrittserklärung ausgelösten, auf dem Vertrage beruhenden beiderseitigen Rückgewährpflichten noch nicht vollständig erfüllt sind (§§ 346, 467 BGB.)[5].

2. Der Erfüllung stehen die Erfüllungssurrogate gleich: Hinterlegung unter Ausschluß der Rücknahme (§ 378 BGB.), Leistung an Erfüllungsstatt (§ 364 Abs. 1 BGB.), Aufrechnung (§ 389 BGB.) und Erlaß (§ 397 BGB.).

3. Besonderheiten gelten bei der Erfüllung des Kaufvertrages. Der Verkäufer hat dem Käufer die Sache zu übergeben und ihm das Eigentum daran zu verschaffen. Die Verschaffungspflicht bedeutet aber nicht nur die Vornahme von Handlungen, die seitens des Ver-

---

[1] KISCH: Krit. Viertelj.-Z. 45, 60. — Ebenso JAFFA: S. 34.

[2] MAYER: VO. § 4 Anm. 12. — CAHN: JW. 1928, 1118. — KIESOW: § 4 III 1. — SAMOLEWITZ: JW. 1927, 2401. — Vgl. auch CAHN: G-AV. 129. — JACOBSON: JR. 1929, 96. — JAEGER: G-AV., S. 46. — OLG. Hamm in JW. 1927, 730.

[3] JAEGER: KO. § 17 Anm. 10. — MENTZEL: § 17 Anm. 2. — STAUB-KOENIGE: HGB. § 382 Anm. 78. — SANDROCK: S. 54.

[4] RG. in JR. 1927, Nr. 850. — KIESOW: a. a. O.

[5] RG. LXX, 70, 198; XCIV, 331; RG. in LZ. 1915, 217. — KIPPENBERG: S. 50. — MENTZEL: KO. § 17 Anm. 1. — JAEGER: KO. § 17 Anm. 19.

pflichteten zur Bewirkung des Erfolges erforderlich sind[1], sondern Leistungsinhalt ist die Übertragung des Eigentums an den Käufer. Bevor also die noch nicht vollständig bezahlte Ware nicht übergeben und dem Käufer übereignet ist, bleibt für § 4 VO. Raum. Inhalt der geschuldeten Leistung ist aber auch Verschaffung des Eigentums frei von Rechten Dritter und von Sachmängeln[2], so daß z. B. Übereignung einer im Sinne von § 459 BGB. untauglichen Sache die Leistung des Verkäufers zu einer unvollständigen macht[3]. Beim Verkauf unter Eigentumsvorbehalt fällt der Vertrag bis zur Zahlung der letzten Kaufpreisrate unter § 4 VO.[4]. Wird dem Käufer hierbei ausdrücklich oder stillschweigend das Recht eingeräumt, trotz eines zunächst geschlossenen Eigentumsvorbehalts die übergebene Sache zu verarbeiten, so wird der Eigentumsvorbehalt mit der Verarbeitung unwirksam (§ 950 BGB.); vollständige Verarbeitung kann demnach die Erfüllung des Vertrages auf seiten des Verkäufers bewirken, da es, wie das OLG. Hamm mit Recht ausgeführt hat[5], unerheblich ist, ob das Eigentum durch traditio oder specificatio auf den Erwerber übergeht. Beim Abzahlungsgeschäft ohne Eigentumsvorbehalt wird dagegen der Verkäufer regelmäßig seine Leistungspflicht erfüllt haben.

Beim Versendungskauf (§ 447 BGB.) ist der Vertrag auf seiten des Verkäufers erst mit dem Eigentumsübergang[6] der Ware an den Käufer durch Übergabe seitens der in § 447 BGB. bezeichneten Personen oder Eigentumserwerb mittels Traditionspapiers erfüllt[7]. Der vorzeitige Gefahrübergang auf den Käufer hat mit dem Eintritt des Leistungserfolges nichts zu tun. Ist also der Verkäufer Vergleichsschuldner, und befindet sich die unbezahlte Ware zur Zeit der Eröffnung noch auf dem Transport, so ist § 4 VO. anwendbar. Die Rechtslage im Vergleichsverfahren des Käufers ist bei der Behandlung des Verfolgungsrechts zu erörtern[8].

---

[1] OERTMANN: Komm. Vorb. zu § 433. — SCHLOSSMANN: Jher. Jahrb. 45, 97. — PETERSEN-KLEINFELLER: S. 93.

[2] „Mangelhafte Erfüllung steht als nicht gehörige Erfüllung der unvollständigen Erfüllung gleich": RG. in LZ. 1927, 390. — Vgl. auch LZ. 1927, 873; JW. 1927, 700.

[3] MENTZEL: KO. § 17 Anm. 2. — JAEGER: K. u. T. 1927, 3. — WILMOWSKI-KURLBAUM: S. 46. — AMON: S. 16. — A. A.: SCHLOSSMANN: a. a. O.

[4] JAEGER: KO. § 17 Anm. 11; K. u. T. 1929, 17. — MENTZEL: a. a. O. — STAUB-KOENIGE: HGB. § 382 Anm. 90. — A. A.: OERTMANN: LZ. 1927, 10, 16. — SANDROCK: S. 77ff. — WILMOWSKI-KURLBAUM: § 17 Anm. 4.

[5] OLG. Hamm in JW. 1927, 730. — SALOMON: VO. § 28 Anm. 1. — JAEGER: KO. § 17 Anm. 11.

[6] A. A.: OERTMANN: LZ. 1927, 9ff.

[7] ENNECCERUS § 247 Anm. 10: „Der Verkäufer bedient sich der Transportanstalt zur Leistung, nicht der Käufer zur Annahme."

[8] Siehe unten § 26 zu 3.

Die Eigentumsverschaffungspflicht des Grundstückverkäufers besteht in der Abgabe der Auflassungserklärung (§§ 873, 925 BGB.), der Eintragungsbewilligung (§ 29 GBO.) und Vornahme aller übrigen zur Eintragung der Rechtsänderung im Grundbuch erforderlichen Handlungen. Mag auch der Verkäufer keinen Einfluß auf das Tätigwerden des Grundbuchamtes haben, so schuldet er doch auch den Eintragungsakt auf Grund der Eigentumsverschaffungspflicht[1]; vor der Eintragung unterliegt der Kaufvertrag daher dem § 4 VO.

Die Erfüllungsmomente bei weiteren Vertragstypen abzugrenzen, würde zu weit führen; bei der Behandlung der Einzelverträge wird ohnehin hierauf zurückzugreifen sein.

4. Wie ist ein Wechsel- oder Scheckgläubiger am Vergleichsverfahren des Schuldners beteiligt? Gibt der Schuldner eines gegenseitigen Vertrages einen Wechsel oder Scheck in Zahlung, so ist im Zweifel nicht anzunehmen, daß die Leistung an Erfüllungsstatt gemacht wird (§ 364 Abs. 2 BGB.), sie erfolgt vielmehr zahlungshalber. Bevor demnach der Inhaber eines gezogenen Wechsels vom Akzeptanten, der Inhaber eines Eigenwechsels vom Aussteller nicht Zahlung erlangt hat, ist der Vertrag auf seiten des Schuldners sicher nicht erfüllt. Selbst wenn der ursprüngliche Gläubiger eine Tratte indossiert und die Valuta vom Indossatar erhält, ist die Verpflichtung des Schuldners gegenüber seinem Vertragsgläubiger noch nicht erfüllt, da in diesem Zeitpunkt noch nicht feststeht, ob nicht der Gläubiger infolge Nichteinlösung durch den Akzeptanten den Wechsel im Regreßwege zurücknehmen muß und damit zur Wechselregreß- bzw. zur Kaufpreisklage gegen den Schuldner legitimiert wird. Dann ist § 4 VO. immer noch anzuwenden, es sei denn, daß zur Zeit der Vergleichseröffnung feststeht, daß der Gläubiger durch Regreßklage nicht mehr in Anspruch genommen werden kann. Ist der Wechsel zu diesem Zeitpunkt noch nicht fällig, so ist aus obigen Gründen die Beteiligung des Gläubigers am Verfahren stets ausgeschlossen, wenn er noch nicht vollständig erfüllt hat.

Für die Geschäftsaufsicht war die Nichtbeteiligung des Wechselgläubigers am Verfahren des Wechselschuldners gemäß § 13 Ziff. 2 G-AV. nicht unstreitig. KLEINFELLER[2] behauptete gegenüber einer Entscheidung des Kammergerichts, aus der abstrakten Natur des Wechsels ergebe sich, daß die Wechselforderung losgelöst von dem ihr zugrunde liegenden gegenseitigen Vertrage nicht noch mit der Vertragsforderung in Verbindung gebracht werden dürfe und daher wie jede andere persönliche Forderung am Verfahren teilnähme. Da aber der Wechsel gegeben wird, um die Verpflichtung aus einem gegenseitigen

[1] RG. LXXXIV, 235; LXXXV, 403; XC, 222; CXVI, 363. — WOLFF: S. 118. — MARKMANN: S. 38. — A. A.: SANDROCK: S. 83.

[2] KLEINFELLER: JW. 1925, 2019 zu KG. vom 25. Mai 1925 (OLG. 45, 80).

Vertrag in einem späteren Zeitpunkt zu decken, so müßte die Rechtsstellung des Gläubigers aus dem Grunde schlechter werden, weil er an Stelle einer Stundung einen Wechsel angenommen hat. Gegen diese offenbare Unbilligkeit wendet sich mit Recht die herrschende Lehre auch bezüglich der gleichen Frage im Vergleichsverfahren[1].

Das gleiche gilt, wenn der Schuldner einen Dritten zur Zahlung an den Gläubiger anweist (§ 788 BGB.).

5. Der Zeitpunkt der Eröffnung des Vergleichsverfahrens ist für den Erfüllungsstatus der Parteiverpflichtungen und damit für die Frage, ob der Vertragsgegner des Vergleichsschuldners mit seiner Forderung am Verfahren beteiligt ist (§ 2 VO.) oder nicht (§ 4 VO.), von maßgebender Bedeutung. Das Verfahren wird durch Beschluß des Vergleichsgerichts eröffnet (§§ 25, 27 VO.). Im Zweifelsfall ist für die Frage der Erfüllung eines Vertrages die in der Bekanntmachung angegebene Stunde der Eröffnung maßgebend. Wenn der Gläubiger sich auf § 4 VO. beruft, so hat der Schuldner zu beweisen, daß er vor der Verfahrenseröffnung erfüllt hat.

§ 5. Bedeutung von § 4 VO.

Liegen alle Voraussetzungen des § 4 vor, so kann der Vertrag ohne Rücksicht auf das Vergleichsverfahren erfüllt bzw. weiter erfüllt werden. Auch nach der Verfahrenseröffnung kann also jede Partei in Verzug kommen; eine vor der Eröffnung nach § 326 BGB. gesetzte Nachfrist läuft weiter[2] und kann auch nach der Eröffnung gesetzt werden. Entscheidet sich nach deren Ablauf der Gläubiger für Schadensersatz wegen Nichterfüllung, so nimmt er mit dieser Forderung ebensowenig am Verfahren teil und wird vom Vergleich betroffen wie mit seinen erloschenen Erfüllungsansprüchen[3] [4]. Im übrigen kann jede Partei volle Befriedigung verlangen, auf Leistung klagen und vollstrecken lassen[5]; § 32 VO. steht dem nicht entgegen, da er sich nur auf die Vergleichsgläubiger bezieht.

Aus § 4 dürfte auch zu folgern sein, daß die Eröffnung des Vergleichsverfahrens über eine Partei der anderen nicht etwa ein gesetzliches Rücktrittsrecht wegen veränderter Umstände gibt, selbst wenn der Gläubiger infolge der schlechten Vermögenslage des Schuldners keine Aussicht auf Befriedigung hat[6]. Es erscheint jedoch bedenken-

[1] Kiesow: § 4 III 1. — Samolewitz: § 4 Anm. 10; JW. 1927, 2401, Nr. 2. — Cahn: JW. 1928, 1120. — Zustimmend auch Jaeger: KO. § 17 Anm. 15 a. E.

[2] RG. in DJZ. 1926, 824.

[3] OLG. München in JW. 1926, 2108.

[4] Vgl. Motive zur VO. § 4 und unten § 13 Nr. 2.

[5] Meyer: VO. § 2 Anm. 2.

[6] Jaffa: S. 33.

frei, dem Gläubiger die Einrede der Vermögensverschlechterung (§ 321 BGB.) — trotz der offenbar abweichenden Ansicht des OLG. Jena[1] für das Geschäftsaufsichtsverfahren — zu belassen, wenn die schlechte Vermögenslage nicht schon bei Abschluß des Vertrages bestanden hat, denn es ist anerkannt, daß die Zahlungseinstellung eine wesentliche Verschlechterung der Vermögenslage darstellt und dadurch der Anspruch auf die Gegenleistung gefährdet wird[2]. Im besonderen ist die Gefährdung im Vergleichsverfahren des Schuldners darin zu erblicken, daß der Gläubiger, dem an der Vertragserfüllung viel liegt, mit der Ablehnung der Erfüllung durch den Vergleichsschuldner sein wohlerworbenes Recht auf die Erfüllung verliert. Der vorleistungspflichtige Gläubiger kann dann nach § 321 BGB. dem Vergleichsschuldner ein bis zur Behebung der Vermögensverschlechterung aufgeschobenes Leistungsverweigerungsrecht entgegenhalten mit dem Ziele der Verurteilung des Schuldners Zug um Zug oder zur Sicherheitsleistung[3]. In dem Sonderfall, daß die Verschlechterung auf einem Vermögensverfall beruht, kann dem insolventen Gegner, der vorleistungsberechtigt ist, nach allgemeiner Ansicht[4] aber auch eine angemessene Frist zur Bewirkung der Leistung oder Stellung einer Sicherheit gesetzt werden. Der fruchtlose Fristablauf oder die inzwischen vom Vergleichsschuldner erklärte Ablehnung der Erfüllung soll nach SALOMON[5] den Vorleistungspflichtigen alsdann zum Rücktritt berechtigen. Dieses Rücktrittsrecht ist aber auf den fruchtlosen Fristablauf zu beschränken, denn bei etwaiger Ablehnung erlöschen die beiderseitigen Erfüllungsansprüche, so daß eine Rücktrittsmöglichkeit nicht mehr gegeben ist.

Unberührt bleiben selbstverständlich ein speziell für den Fall der Vergleichseröffnung über eine Partei eingeräumtes Rücktrittsrecht sowie gesetzliche Rücktrittsrechte wegen Verzuges oder Unmöglichkeit der Leistung (§§ 325/26 BGB.).

§ 4 VO. gilt seiner Stellung im Gesetz und seiner Bedeutung nach als Ausnahme zu § 2 VO. Nur die Gläubiger eines beiderseits unerfüllten Vertrages sind am Verfahren nicht beteiligt und werden vom Vergleich nicht betroffen. Hat auch nur ein Teil zur Zeit der Eröffnung voll erfüllt, so entfällt die Ausnahmevorschrift des § 4: hat der Vergleichsschuldner erfüllt, so kann er seinerseits volle Befriedigung vom Gläubiger fordern[6], wie auch der Konkursverwalter in einem solchen

[1] OLG. Jena in JW. 1928, 1158.
[2] RGR.-Komm. § 321 Anm. 2.
[3] JAEGER: KO. § 17 Anm. 34.
[4] STAUB-KOENIGE: HGB. Vorb. vor § 373 Anm. 46. — WARNEYER: § 321 Bem. IV. — SALOMON: JW. 1928, 1158.
[5] a. a. O.
[6] CAHN: VO., S. 196; JR. 1926, Nr. 1404. — WARNEYER: Rechtspr. 1926, 163.

Fall die Gegenleistung zur Masse ziehen kann; dies gilt auch für eine Schadensersatzforderung wegen Nichterfüllung, in die sich der Erfüllungsanspruch des Vergleichsschuldners vor oder nach der Eröffnung verwandelt. Die Geltendmachung dieser Ansprüche geschieht unabhängig vom Verfahren und ist von der Zustimmung der Vertrauensperson in der Regel nicht abhängig[1]. Hat dagegen der Gläubiger vor der Eröffnung voll erfüllt, so ist er „als typisch nicht bevorrechtigter Konkursgläubiger, wenn an Stelle des Vergleichsverfahrens der Konkurs eröffnet worden wäre, am Verfahren beteiligt und wird vom Vergleich betroffen" (§ 2 VO.)[2]. Er ist auf die Vergleichsquote angewiesen und allen die Vergleichsgläubiger treffenden nachteiligen Wirkungen ausgesetzt. Ist die Forderung des Gläubigers nicht von vornherein auf Zahlung von Geld gerichtet, so nimmt der Gläubiger mit ihrem Schätzungswert am Verfahren teil (§ 2 VO. i. V. mit § 69 KO.). Er kann während der Dauer des Verfahrens nicht vollstrecken (§ 32 VO.) und unterliegt den Beschränkungen der §§ 3, 70, 84 VO. Hatte sich sein Erfüllungsanspruch vor der Eröffnung in einen Schadensersatzanspruch verwandelt, so nimmt er mit diesem am Verfahren teil[3]. Das wird von Lucas[4] und Salomon[5] bestritten. Indessen läßt sich, wie Kiesow[6] zutreffend ausgeführt hat, diese Auffassung nur halten, wenn man nicht auf dem Boden der herrschenden Differenztheorie, sondern der Austauschtheorie steht.

Der Gläubiger nimmt aber nur mit einer vor der Eröffnung entstandenen Schadensersatzforderung am Verfahren teil; andernfalls kann er als Neugläubiger den Schadensersatz voll geltend machen: man kann dem nicht entgegenhalten, der Ersatzanspruch beruhe auf dem Vertrage, dessen Erfüllungsanspruch am Verfahren beteiligt sei; er ist vielmehr als neues, selbständiges Recht anzusehen[7]. Daraus folgt: War eine vom Gläubiger nach § 326 BGB. gesetzte Frist vor der Eröffnung abgelaufen und hatte der Gläubiger Schadensersatz gewählt, so ist er am Verfahren beteiligt[8]; läuft die Frist noch zur Zeit der Eröffnung, so nimmt der Gläubiger nicht teil.

---

[1] Auf die Fälle der Verfügungsbeschränkungen ist hier nicht einzugehen.

[2] Motive zu § 4 VO. Abs. 1 a. E.

[3] Motive zu § 4 VO. Abs. 1; OLG. 43, 37; Recht 1922, Nr. 871. — Kiesow: § 4 II 1. — Samolewitz: VO. § 4 Anm. 5; JW. 1927, 2401. — Sienz: S. 16. — Cahn: JW. 1928, 1120.

[4] Lucas: VO., S. 90.

[5] Salomon: VO. § 4 S. 10.

[6] a. a. O.

[7] Infolgedessen: Samolewitz: JW. 1927, 2401.

[8] So auch für den Konkurs: Jaeger: KO. § 17 Anm. 35. — Staub-Koenige: HGB. § 382 Anm. 79b. — Bernhardt: S. 22.

II. Die vorzeitige Vertragsabwicklung: §§ 28, 29 VO.

§ 6. Der Grundgedanke.

Die durch § 4 geschaffene Rechtslage wäre mit dem durch die VO. erstrebten Ziel der Sanierung des Schuldners und der Sicherung der Vergleichsdurchführung unvereinbar, wollte das Gesetz die Parteien zur Erfüllung zwingen. Kann doch der geltend gemachte Erfüllungsanspruch eines einzigen Lieferungsvertrages mit hohem Objekt oder von längerer Dauer das für die Befriedigung der Vergleichsgläubiger in bestimmter Quote bereitgestellte schuldnerische Vermögen aufzehren oder derart vermindern, daß es nicht mehr zur Befriedigung der am Verfahren Beteiligten in Höhe von 30% ausreicht. Um daher durch den Zwang, an unerfüllte gegenseitige Verträge gebunden zu sein, nicht das Zustandekommen des Vergleichs zu gefährden oder unmöglich zu machen, mußte das Gesetz die Möglichkeit einer vorzeitigen Vertragsabwicklung, d. h. vor Eintritt des Erfüllungserfolges, gewähren, die für alle die Fälle gelten muß, in denen nicht schon vertraglich die Eröffnung des Vergleichsverfahrens über eine Partei die Bindung aufhebt oder Verzug und Unmöglichkeit Rücktritts- bzw. Schadensersatzrechte auslösen. Die diesem Zwecke dienenden §§ 28, 29 VO. sind vom Grundsatz des Gläubiger- und Schuldnerschutzes beherrscht[1]. Damit räumt die VO. im Gegensatz zur G-AV.[2] auch den Interessen des Gläubigers eine gebührende Stellung ein und gibt nunmehr auch diesem eine vorzeitige Abwicklungsbefugnis[3].

Das Wahlrecht des Konkursverwalters (§ 17 KO.) diente zwar als Vorbild für das Ablehnungsrecht der Parteien nach § 28 VO., ist aber doch in seinen Voraussetzungen und Wirkungen ein wesentlich anderes: Im Konkurs wird durch die Wahl des Verwalters ein Schwebezustand beendet — ob erfüllt wird oder nicht, ist bis dahin ungewiß —; im Vergleichsverfahren wird ein gewisser, bereits bestehender Rechtszustand, nämlich daß weiter erfüllt wird, aufgehoben. Im Konkurs ist eine unmittelbare Einwirkung auf das Schicksal des Vertrages nur dem

[1] Motive zur VO., Vorb. zu §§ 28—30: „In sehr vielen Fällen wird das Zustandekommen des Vergleichs und eine wirtschaftliche Gesundung des Schuldners nur möglich sein, wenn der Vertrag nicht voll erfüllt zu werden braucht; aber auch der Gläubiger kann ein Interesse daran haben, von der Vertragserfüllung entbunden zu sein."

[2] Begründung zur G-AV. §§ 9—11 in Schlegelbergers Handbuch, 1916: „Der Zweck der Geschäftsaufsicht kann es unter Umständen erforderlich machen, solche Verträge schon vorzeitig abzuwickeln."

[3] Motive zur VO. a. a. O.: „Es kann dem Gläubiger nicht ausnahmslos zugemutet werden, das Vertragsverhältnis mit einem Schuldner, dessen Unsicherheit sich herausgestellt hat, fortzusetzen, wenn der Schuldner dies will."

Verwalter gegeben, nur eine mittelbare auch dem Gegner (§ 17 Abs. 2 KO.) — mit Ausnahme freilich von § 19ff. KO. Im Vergleichsrecht haben beide Parteien ein gleichmäßiges, unmittelbares Einwirkungsrecht. Dem Gemeinschuldner ist infolge des Verlustes seines Verfügungsrechts jeder weitere Einfluß auf den Vertrag entzogen, während der Vergleichsschuldner selbst die Ablehnung der Erfüllung dem Gegner erklären kann. In der Ausgestaltung der vorzeitigen Abwicklung lehnen sich die §§ 28, 29 VO. dagegen eng an die §§ 9—11 G-AV. an, wenn auch die G-AV. nur dem Aufsichtsschuldner das Ablehnungsrecht gab. In beiden Verfahren steht die Abwicklungsbefugnis den Schuldnern selbst zu; die Vertrauensperson, die immerhin eine dem Konkursverwalter ähnliche, wenn auch rechtlich beschränktere Stellung einnimmt[1], wird hierbei ausgeschaltet. Erforderlich ist jedoch in beiden Verfahren im Gegensatz zum Konkurs eine gerichtliche Mitwirkung, die sich in der Praxis gut bewährt[2].

Im folgenden sollen die rechtlich sehr bedeutungsvollen §§ 28 und 29[3] untersucht werden.

§ 7. Ablehnung und Kündigung.

1. Die VO. unterscheidet wie die G-AV. Ablehnung und Kündigung; die KO. spricht ausdrücklich nur von einer Kündigung; allein aus dem Wortlaut von § 17 KO., daß der Konkursverwalter den Vertrag erfüllen und Erfüllung vom Gegner verlangen kann, folgt, daß er auch die Nichterfüllung erklären kann: er lehnt dann — um die Terminologie von § 9 G-AV. und § 28 VO. zu gebrauchen — die Erfüllung ab.

Die Ablehnung und die Kündigung sind die gesetzliche Handhabe, den Vertrag vor seinem vereinbarten oder sich aus seinem Zweck und

---

[1] Jaeger in DJZ. 1926, 25: „Ein ganz blutleeres Gebilde ist die Vertrauensperson."

[2] Die G-AV. vom 6. August 1914 enthielt noch keine Vorschriften über gegenseitige Verträge.

[3] § 28 Abs. 1 VO. lautet:

Ist ein gegenseitiger Vertrag zur Zeit der Eröffnung des Vergleichsverfahrens von dem Schuldner und von dem anderen Teil noch nicht oder noch nicht vollständig erfüllt, so kann jeder Vertragsteil mit Ermächtigung des Gerichts die Erfüllung oder die weitere Erfüllung ablehnen.

§ 29 Abs. 2 Ziff. 1 lautet:

Auf Miet- und Pachtverträge, bei denen der Schuldner der Mieter oder Pächter ist und der Miet- oder Pachtgegenstand ihm vor der Eröffnung des Verfahrens bereits überlassen ist, sowie auf Dienstverträge, bei denen der Schuldner der Dienstpflichtige ist, finden die Vorschriften des § 28 mit folgender Maßgabe Anwendung:

1. An die Stelle der Befugnis zur Ablehnung der Erfüllung oder der weiteren Erfüllung tritt die Befugnis, das Vertragsverhältnis ohne Rücksicht auf eine vereinbarte Vertragsdauer unter Einhaltung der gesetzlichen Frist zu kündigen.

Inhalt ergebenden Zeitpunkt abzuwickeln. Beide Erklärungen unterscheiden sich wesentlich in ihren Wirkungen.

Mit der Erklärung der Ablehnung werden die aus dem Vertrage resultierenden Erfüllungsansprüche beider Parteien ipso jure zum Erlöschen gebracht[1]; sie leben auch dann nicht wieder auf, wenn die Voraussetzungen der Ablehnung nicht vorgelegen haben oder später wieder fortgefallen sind, insbesondere dann, wenn der Vergleich bestätigt oder verworfen wird. Fallen auch die Erfüllungsansprüche fort, so hebt die Ablehnung nicht etwa den Vertrag als solchen mit Wirkung ex nunc oder gar ex tunc auf und ist daher mit einer Rücktrittserklärung nicht identisch[2]. Das ergibt § 30 VO., der dem Gläubiger einen Schadensersatzanspruch gibt, wenn die Erfüllung abgelehnt wird. Dieser Ersatzanspruch ist das Surrogat der erloschenen Erfüllungsansprüche, und seine Existenz setzt notwendigerweise das Fortbestehen des nur inhaltlich veränderten Vertrages voraus. Der Rücktritt dagegen beseitigt den Vertrag ex tunc, löst gegenseitige Rückgewährpflichten des bereits Geleisteten, aber niemals einen Schadensersatzanspruch wegen Nichterfüllung für den Erklärenden aus. Die Ablehnung der weiteren Erfüllung führt zur Herausgabe des bereits Geleisteten nur, wenn dessen Wert höher als der Ersatzanspruch ist[3], bewirkt im übrigen aber nur eine Anrechnung auf den Ersatzanspruch des Gläubigers. Auch das BGB. kennt den Begriff der Ablehnung im Recht des gegenseitigen Vertrages (§ 326), doch kann hier anders als in § 28 VO. der Gegner niemals seine eigene Leistungsbewirkung ablehnen, andrerseits aber vom Vertrag zurücktreten, während ihm als Vergleichsgläubiger nur die Befugnis zur Geltendmachung eines Schadensersatzanspruches zusteht. Die Wirkungen sind jedoch in beiden Fällen die gleichen: Der beiderseitige Erfüllungsanspruch verwandelt sich in einen Schadensersatzanspruch.

Das Ablehnungsrecht im Vergleichsverfahren ist jedoch ein der VO. eigentümliches, auf die besonderen Bedürfnisse des Präventivakkordes abgestelltes und an spezielle Voraussetzungen gebundenes Gestaltungsrecht, das mit dem namensgleichen Rechtsbehelf des BGB. nur die Wirkung gemeinsam hat. Sein Motiv ist nicht nur Gläubigerschutz wie im BGB., sondern auch Schuldnerschutz; hier handelt es sich um die Vertragsinteressen der Partei, dort steht das Zustandekommen des Vergleichs auf dem Spiel. Wenn beim Vergleichsschuldner auch noch die Voraussetzungen des Verzugs vorliegen, kann der

---

[1] So für den Konkurs: RG. XXXIX, 49, 192; LVI, 239; LXXIX, 211; LXXXVI, 250; LZ. 1912, 399. — JAEGER: KO. § 17 Anm. 43.

[2] JAEGER: KO. § 17 Anm. 44; G-AV., S. 45. — SALOMON: VO. § 30 Anm. 1.

[3] Hierzu oben § 13.

Gläubiger nach einer Fristsetzung selbstverständlich auch die Ablehnung nach § 326 BGB. ohne Ermächtigung des Vergleichsgerichts erklären oder vom Vertrage zurücktreten[1], sofern nicht schon die Erfüllung zu dieser Zeit nach § 28 VO. abgelehnt ist, da die Fristsetzung nach § 326 einen noch vorhandenen Erfüllungsanspruch des Gläubigers voraussetzt.

Alle gegenseitigen unerfüllten oder noch nicht vollständig erfüllten Verträge sind ablehnungsfähig, soweit nicht in § 29 Abs. 2 VO. Ausnahmen für besonders sozial wichtige Verträge gemacht sind, bei denen an die Stelle der Ablehnungsbefugnis ein Kündigungsrecht tritt.

Die Kündigung hebt das Vertragsverhältnis für die Zukunft auf, läßt aber die bereits begründeten Wirkungen des Schuldverhältnisses bei Bestand. Die Aufhebungswirkung kann mit der Erklärung selbst ipso jure eintreten oder erst an einem bei der Erklärung gesetzten Endtermin, d. h. nach Ablauf der vertraglichen oder gesetzlichen Kündigungsfrist. Die nach § 29 VO. zulässige Kündigung kann aber nur unter Einhaltung der gesetzlichen Kündigungsfristen erklärt werden, so daß im Vergleichsrecht der Unterschied zwischen Ablehnung und Kündigung in den verschiedenen Zeitpunkten des Erlöschens der Erfüllungsansprüche liegt. Daraus folgt, daß eine Befristung der Ablehnung unzulässig ist, um die vom Gesetzgeber offensichtlich gewollte unterschiedliche Behandlung der im § 29 bezeichneten Verträge von den übrigen bezüglich des Untergangs der Erfüllungsansprüche zu wahren[2].

Ablehnung und Kündigung müssen dem Gegner erklärt werden. Sie sind einseitige, empfangsbedürftige Willenserklärungen (§ 130 BGB.), die den allgemeinen Regeln über Willenserklärungen unterliegen. Ist die Kündigung schon auf Grund der Erwägung, daß Eingriffe in berechtigte Interessen des anderen Vertragsteils nur zur baldigen Gewißheit mit sofortiger Wirkung vorgenommen werden können, bedingungsfeindlich[3], so gilt dies auch für die Ablehnung, um so mehr, als es sich nicht mit den Zielen der Vertragsabwicklung und der angestrebten schnellen Klärung der schuldnerischen Vermögenslage verträgt, die Wirkung der Erklärung von einer aufschiebenden oder gar auflösenden Bedingung abhängig zu machen. — Ein Widerruf der Kündigung oder Ablehnung ist nur im Rahmen von § 130 Abs. 1 Satz 2 BGB. wirksam.

[1] Die Rückgewährpflichten auf Grund des Rücktritts machen jedoch den Vertrag zu einem beiderseits nicht voll erfüllten, der dem § 28 VO. unterliegt. Vgl. unten § 4 zu 1 a. E.

[2] Motive zu § 29 VO. a. Anf.: „Genau wie im Konkurs und in der Geschäftsaufsicht bedürfen Miet-, Pacht- und Dienstverträge einer besonderen Regelung, weil der Dienstpflichtige, der Mieter und Pächter gegenüber einer sofort in Wirksamkeit tretenden Vertragsabwicklung schutzbedürftig erscheinen."

[3] Enneccerus: § 182 II Nr. 2. — Tuhr, von: Allg. Teil II, 1, S. 212.

Da die Ablehnungserklärung mit dem Zugehen an den abwesenden Gegner wirksam wird (§ 130 Abs. 1 Satz 1 BGB.), kann ein Wiederaufleben der Erfüllungsansprüche nur durch einen neuen Vertragsschluß, zu dem der Schuldner zufolge der ihm in der Regel nicht genommenen Verfügungsbefugnis in der Lage ist, bewirkt werden.

2. Der wesentlichste Unterschied gegenüber § 9 G-AV. besteht darin, daß nach § 28 VO. auch der Gläubiger ablehnen kann. Wenn bei der Gesetzesberatung betont wurde, der Schuldner bedürfe jetzt nicht mehr der ihm in der G-AV. eingeräumten Vorzugsstellung, so hat dies seine volle Berechtigung. Abgesehen davon, daß die VO. dem Gläubiger- wie dem Schuldnerschutz dient, würde es zu den übrigen Bestimmungen des Gesetzes, die den schutzbedürftigen Interessen des Gläubigers dienen, im schärfsten Widerspruch stehen, wollte man dem Gläubiger keine Möglichkeit geben, von einem Vertrage abzugehen, dessen Erfüllung seitens des Vergleichsschuldners äußerst unsicher erscheint, von diesem aber nicht abgewickelt wird[1].

Die Vertrauensperson oder ein sonstiger Dritter können die Ablehnung oder Kündigung aus eigenem Recht nicht erklären. Das Abwicklungsrecht ist ein höchstpersönliches, nicht übertragbares Gestaltungsrecht. Man wird jedoch annehmen können, daß es der Ausübung halber auf die Vertrauensperson derart übertragen werden kann, daß diese in rechtsgeschäftlicher Vertretung in erkennbarer Weise im Namen des Schuldners die Erklärung abgibt. Der Vertrauensperson steht wenigstens mittelbar ein Einwirkungsrecht zu: einmal soll sie vor der Erteilung der Ermächtigung gehört werden (§ 28 Abs. 2 VO.); dann kann sie aber auch in Fällen, in denen offensichtlich die Vertragserfüllung den Vergleichsvorschlag gefährden würde, den Schuldner zur Ablehnung auffordern und bei dessen Weigerung unter Umständen die Verwerfung des Vergleichs beim Gericht wegen Gläubigerbegünstigung beantragen (§ 68 Abs. 3 VO.). Dann muß über die Konkurseröffnung entschieden werden (§ 71 VO.), eine Folge, deren Eintritt der Schuldner wird zu vermeiden suchen. Im übrigen hat die Vertrauensperson regelmäßig nicht einmal ein Zustimmungsrecht zur Ablehnung des Vergleichsschuldners. Etwas anderes ist es, wenn im Rahmen einer erlassenen Verfügungsbeschränkung die Zustimmung der Vertrauensperson zu einer in der Ablehnung der Erfüllung liegenden Verfügung

---

[1] Schon für die Geschäftsaufsicht waren diesbezügliche Vorschläge vorhanden (Jaeger: G-AV., S. 43), wurden aber in den Novellen des Jahres 1924 nicht berücksichtigt. Die völlig abweichende Sachlage im Konkurs, wo der Gläubiger nicht in der Lage ist, zu entscheiden, welche Verträge für die Masse günstig sind und welche nicht, — was hier vornehmlich ins Gewicht fällt — kann dabei nicht zum Vergleich herangezogen werden.

über den Anspruch erforderlich ist[1]. Wenn der Schuldner nach der Vergleichseröffnung seinen Erfüllungsanspruch aus einem gegenseitigen Vertrag an einen Dritten abtritt, so kann dieser infolge der Unübertragbarkeit des Abwicklungsrechtes nicht selbst als nunmehriger Vertragsgegner die Erfüllung ablehnen.

3. Die Abwicklungsbefugnis ist beiden Parteien grundsätzlich bei allen gegenseitigen Verträgen gegeben. Im Gegensatz zur G-AV. ist jedoch diese Befugnis bei Miet- und Pachtverträgen, wenn der Vergleichsschuldner Vermieter oder Verpächter ist, und bei Dienstverträgen im Vergleichsverfahren des Dienstpflichtigen ausgeschlossen (§ 29 VO.). Ferner ist das Kündigungsrecht bei Mietverträgen über Grundstücke oder Räume auf den Vergleichsschuldner beschränkt (§ 29 Abs. 2 Ziff. 2 VO.).

4. Besteht eine Partei eines Gegenseitigkeitsvertrages aus mehreren Personen, so soll nach KIESOW die Ablehnungs- oder Kündigungserklärung von allen und gegen alle abgegeben werden[2]. Dies folge aus analoger Anwendung von § 356 BGB. Kann es schon bedenklich sein, die Vorschrift des § 356 derart zu verallgemeinern, daß Gestaltungsrechte jeder Art von mehreren nur gemeinsam ausgeübt werden können, so wird KIESOWS Annahme auch nicht allen hier in Betracht kommenden Fällen gerecht. Es ist zu scheiden, ob ein Gesamtschuldverhältnis, ein geteiltes Schuldverhältnis oder ein solches zur gesamten Hand vorliegt.

Besteht eine Partei aus Gesamtgläubigern oder Gesamtschuldnern, so kann die Kündigung von dem einzelnen Gesamtschuldner oder Gesamtgläubiger an den Gegner erklärt werden und wirkt nur für und gegen den Erklärenden (§§ 425, 429 Abs. 3 BGB.). Eine entsprechende Anwendung dieses Ergebnisses au die Ablehnung des § 28 VO. ist unbedenklich, da Ablehnung und Kündigung Gestaltungserklärungen sind und sich nur durch den hier nicht ins Gewicht fallenden Zeitpunkt des Erlöschens der Erfüllungsansprüche unterscheiden, § 425 Abs. 2 BGB. noch dazu eine erschöpfende Aufzählung der nur für und gegen den Erklärenden wirkenden Tatsachen nicht gibt. Im Vergleich zu den für alle Schuldner wirkenden Tatsachen des § 422 BGB. zeigt sich ganz offensichtlich, daß die Ablehnung nur unter die im § 425 Abs. 2 aufgeführten Tatsachen einzureihen ist. Danach kann also, wenn einer von mehreren Wechselverpflichteten ins Vergleichsverfahren kommt[3], dieser dem Gläubiger beim Vorliegen der Voraussetzungen des § 28 VO. die Erfüllung ablehnen; dies wirkt nicht für und gegen die Mitschuldner, die vielmehr weiterhin dem Gläubiger wechselmäßig haften. Die übrigen

[1] Vgl. KIESOW: § 28 IX.
[2] KIESOW: § 28 IV 2. — SAMOLEWITZ: § 28 Anm. 5.
[3] RG. XI, 18; vgl. hierzu oben § 4 zu 4.

nicht im Vergleichsverfahren befindlichen Mitschuldner können aber ihrerseits dem Gläubiger gegenüber die Erfüllung nicht ablehnen, weil die spezifisch für das Vergleichsverfahren bestimmte Abwicklungsbefugnis ihnen nicht zugute kommt. Mit welcher Forderung ist nun der Wechselgläubiger am Verfahren beteiligt? Er kann als Schadensersatzforderung den vollen Nominalwert seiner Wechselforderung, soweit er nicht schon durch die übrigen Mitschuldner befriedigt ist, geltend machen (§ 2 VO. i. V. mit § 68 KO.), verliert aber in Höhe seines Ausfalls die Ansprüche gegen die übrigen Mitschuldner nicht (§ 73 VO.: eine Durchbrechung von § 423 BGB. für den Erlaßvergleich, nicht für den Stundungsvergleich — § 425 BGB.).

Wird von mehreren Schuldnern eine teilbare Leistung geschuldet oder haben mehrere Gläubiger eine solche Leistung zu fordern, so kann jeder Teilgläubiger oder Teilschuldner die ihm zustehende oder von ihm geschuldete Teilforderung bzw. Teilschuld kündigen[1]. Auch hier wird dasselbe für die Ablehnung aus den gleichen Erwägungen wie beim Gesamtschuldverhältnis gelten können.

Liegt endlich ein Schuld- oder Forderungsverhältnis zur gesamten Hand vor, so können nur alle Gläubiger zusammen ihrem im Vergleichsverfahren befindliche Schuldner kündigen, und nur alle Schuldner zusammen gegenüber dem insolventen Gläubiger[2]. Man wird ohne Bedenken dasselbe für die Ablehnungserklärung annehmen können. Nur für diesen Fall gilt also der Satz von KIESOW, ohne daß eine Analogie für seine Begründung erforderlich ist. Da bei einem Schuld- oder Forderungsverhältnis zur gesamten Hand nur von und gegenüber allen abgelehnt und gekündigt werden kann, ist eine Vertragsabwicklung nach §§ 28, 29 VO. nur dann möglich, wenn die Voraussetzungen hierfür bei allen Beteiligten vorliegen. Ist also nur ein Gesamthandschuldner im Vergleichsverfahren, so bewendet es bei § 4 VO. Das Ergebnis kann nicht befremden, da die Schuldnermehrheit dem Gläubiger Sicherheit bietet.

5. Die Erklärung der Ablehnung oder Kündigung erfolgt wie jede andere Willenserklärung grundsätzlich ausdrücklich gegenüber dem Vertragsgegner[3]. Man kann aber auch dem Stillschweigen einer Partei nach der Vergleichseröffnung Wirksamkeit nicht absprechen und muß auch aus Handlungen der Parteien auf ihren Willen zu schließen suchen. Schweigen beide Teile nach der Verfahrenseröffnung, so ist zu vermuten, daß kein Teil von der Ablehnungsbefugnis Gebrauch machen will[4]. Denn die Erfüllung ist das regelmäßige Schicksal des Vertrages, das nur im

---

[1] ENNECCERUS: § 248 II 3.

[2] ENNECCERUS: § 312 II 2; III 2.

[3] JAEGER: G-AV., S. 46. — SALOMON: VO. § 28 Anm. 3.

[4] KIESOW: § 28 IV 1. — BENDIX: VO., S. 71. — WIERUSZOWSKI: S. 21. — CAHN: K. u. T. 1927, 148.

Ausnahmefall der Ablehnung seiner Erfüllung eine Änderung erleidet. Diese Vermutung dauert bis zum Ablauf der für die Einreichung des Ermächtigungsgesuches vorgeschriebenen zweiwöchentlichen Frist. Nehmen der Vergleichsschuldner oder der Gläubiger nach der Eröffnung auch nur eine Erfüllungshandlung vor, fordert z. B. ein Teil die Leistung oder nimmt er die ihm angebotene Leistung an oder klagt er auf Erfüllung[1], ohne daß hierbei eine ausdrückliche Vorbehaltserklärung abgegeben wird, so liegt hierin die schlüssige Erklärung, beim Vertrage stehen bleiben zu wollen[2]. An diese aus ihrem Handeln gefolgerte Erklärung ist die Partei gebunden, und ihr Wahlrecht zwischen Erfüllung und deren Ablehnung ist konsumiert[3]. Verweigert ein Teil die Annahme, so ist dies zwar eine stillschweigende Erklärung, den Vertrag nicht erfüllen zu wollen, doch ist das Wahlrecht noch nicht erschöpft, da die Unterlassung der Annahme keine Erfüllungshandlung ist, die allein zum Ausschluß des Abwicklungsrechts geeignet ist. Eine Anfechtung der Erklärung der Ablehnung und Kündigung wegen Irrtums ist in gleichem Maße für zulässig zu halten, als der Konkursverwalter seine Erklärung anfechten kann. Es sei in dieser Hinsicht auf die erschöpfende Aufzählung der in Frage kommenden Fälle bei JAEGER verwiesen[4].

Zu beachten ist, daß die VO. nicht eine dem § 17 Abs. 2 KO. entsprechende Vorschrift kennt. Im Vergleichsverfahren erübrigt sich mit Rücksicht auf § 28 VO. das Recht zur Erklärungsaufforderung an den Gegner mit bestimmten Ausschlußfolgen. Wenn der Gegner den Schuldner zur Erklärung darüber auffordert, ob er erfüllen wolle oder nicht, so wird beim Schweigen des Schuldners nicht etwa der Erfüllungsanspruch aus diesem Grunde ausgeschlossen. Dies wurde schon für die Geschäftsaufsicht, die nicht einmal dem Vertragsgegner ein Ablehnungsrecht zusprach, offenbar mit Rücksicht darauf angenommen, daß hier eine der Konkursmasse entsprechende Verfahrensmasse nicht vorhanden war[5], dürfte aber im Vergleichsverfahren im Hinblick auf den erweiterten Schutz des Gläubigers ebenfalls außer Zweifel stehen.

Da Kündigung und Ablehnung als formlose Erklärungen auch durch konkludente Handlungen erklärt werden können[6], so ist sicher, daß in der Mitteilung des gerichtlichen Ermächtigungsbeschlusses an den Gegner die Ablehnung oder Kündigung auch ohne ausdrückliche Erklärung liegt, zumal der Beschluß in sich soweit verständlich ist, daß der Empfänger daraus auf den Willen des Erklärenden schließen kann.

[1] JAEGER: KO. § 17 Anm. 30.
[2] KIESOW: a. a. O. — SAMOLEWITZ: § 28 Anm. 7.
[3] Dies gilt auch für das Wahlrecht des Konkursverwalters, ist auch Grundsatz des bürgerlichen Rechtes: § 263 Abs. 1, §§ 325, 326 BGB.
[4] JAEGER: KO. § 17 Anm. 30.
[5] RG. CXII, 55 = JW. 1926, 1552. — JAEGER: G-AV., S. 46.
[6] ENNECCERUS: § 248 Anm. 8.

§ 8. Die Ermächtigung.

1. Das Ermächtigungserfordernis lehnt sich im wesentlichen an die Vorschrift der G-AV. an[1]. Während im Konkurs die Entscheidung über Erfüllung oder Nichterfüllung gegenseitiger Verträge dem freien Ermessen des Verwalters anheimgestellt ist, mußte im Geschäftsaufsichts- und Vergleichsverfahren, wo die Vertrauensperson eine Aufsichtsbefugnis, nicht aber ein Eintrittsrecht in schwebende Verträge des Schuldners genießt, durch die Mitwirkung des Gerichts eine Garantie für die zweckmäßige Ausübung der den Parteien verliehenen Abwicklungsbefugnis gegeben werden. Damit ist ein tiefer Eingriff in das Vertragsrecht, den man auf Grund der besonderen Ausnahmeverhältnisse der G-AV. von 1916 noch allenfalls guthieß, jedoch für ein zukünftiges Zwangsvergleichsgesetz unter geregelten wirtschaftlichen Verhältnissen damals nicht in Aussicht nahm[2], nunmehr auch in der nicht mehr als Übergangsgesetz anzusehenden VO. legalisiert worden. Die Ermächtigung erinnert indes an den ähnlichen Fall des § 1358 Abs. 1 BGB. Ferner sei auf die zahlreichen Fälle hingewiesen, in denen zum Abschluß von Verträgen die Genehmigung des Vormundschaftsgerichts erforderlich ist (§ 1822 Ziff. 3—5, 7, 12, § 1643 BGB.) oder auf die Fälle, in denen das Einigungsamt Pacht- und Leihverträge über Grundstücke usw. verlängern oder durch konstitutive Entscheidung aufheben kann[3]. Diese wenigen Beispiele zeigen, daß die Parteien oder ihre gesetzlichen Vertreter auch sonst beim Abschluß oder bei der Aufhebung von Verträgen durch den Eingriff des Staates in ihrem Parteiwillen beschränkt werden, allerdings regelmäßig nur dann, wenn die Gefahr unsachgemäßer Parteientscheidungen, die über das Verhältnis zwischen den Kontrahenten hinaus die Rechtsstellung Dritter berühren oder ein vom Staat zu schützendes öffentliches oder privates Interesse verletzen können, besteht. Maßt sich also der Staat in diesen Fällen bei der Eingehung oder Lösung von Verträgen in Form seiner Genehmigung oder Ermächtigung ein Eingriffsrecht in Parteivereinbarungen an, so liegen

---

[1] Motive zu § 28 VO. Abs. 1: „Die Entscheidung über die Ablehnung muß, da es auf der Schuldnerseite an einer zur Verwaltung des Schuldnervermögens berufenen Person fehlt, in die Hand der Beteiligten gelegt werden. Damit besteht naturgemäß die Gefahr von Mißbräuchen und unsachgemäßen Entscheidungen. Der Entwurf will ihr dadurch entgegenwirken, daß er die Ablehnung der Erfüllung an eine Ermächtigung des Gerichts knüpft."

[2] Cahn: Gutachten zum 35. Deutschen Juristentag 1914, 768. — Weinberg: G-AV., S. 47. — Buhmann: LZ. 1916, 1213. — Cahn: JW. 1915, 185. — Schourp: LZ. 1916, 67.

[3] § 6 Abs. 2 Ziff. 1, 2 der Kleingarten- und Pachtlandordnung vom 31. Juli 1919 — RGBl. I, 1371.

diese Voraussetzungen im Vergleichsverfahren im vollen Umfange vor. Unsachgemäße Entscheidungen der Parteien können das Zustandekommen des Vergleichs unmöglich machen und damit ungünstige Einwirkungen auf die Vermögenslage der oft zahlreichen Gläubiger erzeugen. Wie überhaupt im Interesse der durch die Insolvenzen geschädigten Privatwirtschaft eine staatliche Mitwirkung bei der Sanierung des Schuldners und der Gläubigerbefriedigung unumgänglich erscheint, ist die Ermächtigungserteilung des Vergleichsgerichts eine im Hinblick auf die im Vergleichsverfahren nicht vorgesehene Mitwirkung der Vertrauensperson bei der Abwicklung von gegenseitigen Verträgen notwendige Maßnahme.

Die Ermächtigung ist ein Erfordernis für die Ausübung des Ablehnungs- und Kündigungsrechts. Für die Ablehnung ergibt sich dies aus dem Wortlaut von § 28 Abs. 1 VO. Aber auch für die Kündigung gilt das gleiche[1]; zwar schweigen die Motive hierüber, und § 29 Abs. 2 Ziff. 1 VO. sagt es nicht ausdrücklich, doch kann diese Bestimmung, wonach an die Stelle der Befugnis zur Ablehnung die Befugnis tritt, das Vertragsverhältnis zu kündigen, und die Vorschriften des § 28 mit dieser Maßgabe Anwendung finden, nicht anders verstanden werden, als daß § 28 bezüglich seiner Voraussetzungen und Ausgestaltung in vollem Maße angewendet wird. Daraus folgt, daß die Ermächtigung auch für die Kündigung erforderlich ist[2], wie es übrigens § 10 Abs. 1 und § 11 G-AV. ausdrücklich vorschrieben. Es wäre auch nicht einzusehen, warum bei den sozial wichtigen Verträgen des § 29 VO. die Entscheidung allein den Parteien überlassen sein sollte.

Jede Ablehnung oder Kündigung, die nicht schon nach bürgerlichem Recht unabhängig vom Vergleichsverfahren zulässig wäre, entbehrt, wenn nicht mindestens gleichzeitig mit ihrer Erklärung die Ermächtigung des Gerichts vorgelegt wird, jeder Wirksamkeit, konsumiert demnach nicht die Möglichkeit, den Vertrag weiter zu erfüllen. Wird dann der Ermächtigungsbeschluß nachträglich mitgeteilt, so beginnt die Kündigungsfrist von diesem Zeitpunkt an zu laufen. Andrerseits hindert die ausdrückliche Erklärung der Ablehnung oder Kündigung nach der Mitteilung des Ermächtigungsbeschlusses an den Gegner die Wirksamkeit der Erklärung nicht[3], die Wirksamkeit der Ablehnung ist aber von einer vorangegangenen Ermächtigung hierzu abhängig. Weder im Augenblick der Unterzeichnung oder der Verkündung des Gerichtsbeschlusses noch seiner Zustellung an den Antragsteller tritt die begehrte Rechtsfolge

---

[1] A. A.: Stritzke: K. u. T. 1927, 135.

[2] Salomon: VO. § 29 Anm. 3. — Samolewitz: § 29 Anm. 2. — Kiesow: § 29 II 2aγ; JR. 1926, Nr. 1176.

[3] Cahn: VO., S. 200; NZfA. 1926, 426. — HansGZ. 1926, 181. — JR. 1926, 1176.

ein, sondern erst mit dem Zugehen der durch die Ermächtigung mit Rechtswirksamkeit ausgestatteten Erklärung an den Gegner. Der Ermächtigung, die als Wirksamkeitsvoraussetzung[1] für die Vertragsabwicklung mit der Genehmigung des gesetzlichen Vertreters im Falle des § 108 BGB. verglichen werden kann, ermangelt also die unmittelbar rechtsgestaltende Wirkung eines Urteils[2].

Der Ermächtigungsbeschluß ist ebenso wie der Beschluß des Vormundschaftsgerichts über die Erteilung der Ermächtigung (§ 1358 BGB.) oder Genehmigung (§ 1822 u. a. BGB.) ein Akt der freiwilligen Gerichtsbarkeit[3]. Er ergeht auf einseitigen Antrag einer Vertragspartei durch das Vergleichsgericht, also das Amtsgericht des Wohnortes oder der gewerblichen Niederlassung des Schuldners; den unanfechtbaren Beschluß (§ 14 Abs. 1 VO.) erläßt der Einzelrichter. Die Ermächtigung trägt öffentlich-rechtlichen Charakter[4] und verträgt als obrigkeitlicher Akt keine entsprechende Anwendung der privatrechtlichen Vorschriften über Willens erklärungen[5]. Unanwendbar sind insbesondere § 182ff. BGB. über Einwilligung und Genehmigung[6] sowie § 161ff. BGB. über Bedingung und Befristung. Entgegen der Ansicht von KIESOW[7] und LUCAS[8] ist also die Hinzufügung eines Endtermins für die Wirksamkeit des Ermächtigungsbeschlusses nichtig[9]. Dem Antragsteller steht es vielmehr frei, von der Ermächtigung bis zur Bestätigung des Vergleichs durch Erklärung an den Gegner Gebrauch zu machen; er ist nicht etwa gehalten, eine Kündigung zum nächstzulässigen Termin zu erklären[10]. Im Interesse der möglichst frühzeitigen Klärung der schuldnerischen Verpflichtungen wäre freilich ein gesetzlicher Zwang zur Befristung de lege ferenda begrüßenswert.

Danach ist die *Ermächtigung des § 28 VO. der auf einseitigen Antrag einer Partei im Wege der freiwilligen Gerichtsbarkeit ergehende Beschluß,*

---

1 OERTMANN: JW. 1927, 1707. — CAHN: VO., S. 197. — SALOMON: VO. § 28 Anm. 3. — RG. CXII, 57.

2 Vgl. § 1 des Mieterschutzgesetzes vom 1. Juni 1923/14. Februar 1924 — RGBl. I, 353 und I, 56, 111 —, wonach das Mietsverhältnis durch Urteil aufgehoben wird.

3 MAYER: VO. § 28 Anm. 23. — 2. Lesung der VO.: Reichstagsdrucks. Nr. 3430, S. 33. — A. A.: KIESOW: § 28 VI.

4 Ähnlich der vormundschaftsrichterlichen Genehmigung.

5 Vgl. JW. 1928, 1499. — BENDIX: G-AV. § 9 Abs. 1.

6 CAHN: VO., S. 188. — BENDIX: a. a. O. — A. A.: OERTMANN: JW. 1927, 1707.

7 KIESOW: § 28 VI.

8 LUCAS: VO., S. 92.

9 CAHN: a. a. O.; LZ. 1928, 657ff. zu 3. — SAMOLEWITZ: § 28 Anm. 10; JW. 1927, 2403.

10 JAEGER: JW. 1917, 141; KO. § 19 Anm. 13. — CAHN: G-AV., S. 114. — HUTH-WALTER: G-AV. (5. Aufl. 1925) zu § 10.

der, ohne die Kraft eines Gestaltungsaktes zu haben, Voraussetzung der Wirksamkeit der vom Vergleichsschuldner oder seinem Vertragsgegner zu erklärenden Ablehnung oder Kündigung eines zur Zeit der Vergleichseröffnung noch nicht oder noch nicht vollständig erfüllten gegenseitigen Vertrages ist.

2a) Das Gericht ist in seinem Ermessen an bestimmte gesetzliche Erteilungsvoraussetzungen der VO. und der Motive gehalten, ohne daß jedoch deren Nichtbeachtung die Ermächtigung unwirksam machen würde, da § 28 VO. nur Sollvorschriften enthält: Dem *Schuldner* soll die Ermächtigung nur erteilt werden, wenn die Erfüllung oder weitere Erfüllung das Zustandekommen des Vergleichs oder seine Ausführbarkeit gefährden würde, und die Ablehnung der Erfüllung dem anderen Teil keinen unverhältnismäßigen Schaden bringt. Damit ist eine individuelle Ermächtigungserteilung zum Ausdruck gebracht, die nach Prüfung der Umstände des Einzelfalls durch Anhören der Vertrauensperson[1], des Vertragsgegners[2] oder Vornahme jeder erforderlich erscheinenden Feststellung, wozu das Gericht berechtigt ist (§ 8 VO.), erfolgt. Das Gericht hat bei der Entscheidung von wesentlich anderen Gesichtspunkten als der Konkursverwalter auszugehen. Nicht darauf kommt es an, ob die Vertragserfüllung im Interesse der gesamten Gläubigerschaft günstig wäre. Aufgabe des Vergleichsgerichts ist es, darauf zu achten, daß die Vertragsabwicklung der Durchführbarkeit des Vergleichsvorschlags förderlich ist, und der Einzelgläubiger nicht einen über das gewöhnliche Maß hinaus tragbaren Schaden erleidet. Anders als im Konkurs könnte daher im Vergleichsverfahren die Erfüllung eines Vertrages nicht abgelehnt werden, wenn dadurch dem Gegner ein unverhältnismäßig hoher Schaden entsteht, selbst wenn die Gesamtheit der Gläubiger infolge der dadurch verursachten Verringerung der Vergleichsquote eine Einbuße erleidet[3].

Nach den Motiven „ergibt sich von selbst“, welche Gesichtspunkte für die Erteilung der vom *Gläubiger* beantragten Ermächtigung in Be-

[1] Dies forderte schon JAEGER (JW. 1917, 140) für die Geschäftsaufsicht.

[2] BENDIX (G-AV., S. 42) forderte seine Anhörung in der Geschäftsaufsicht.

[3] Der Begriff des unverhältnismäßigen Schadens war bereits der G-AV. § 9 bekannt, die ihn aus § 1 der Verordnung über die gerichtliche Bewilligung von Zahlungsfristen übernommen hat (7. August 1914 — RGBl. 359). Es soll damit zum Ausdruck gebracht werden, daß die wohlerworbenen Rechte des Gläubigers nicht unverhältnismäßig beeinträchtigt werden dürfen. Wann der Vergleich gefährdet ist, ist eine Frage, die nicht zu eng ausgelegt werden darf. Die auf den Einzelfall abgestellte Interessenabwägung gibt die richtige Entscheidung. Ein sachlicher Unterschied zu § 9 G-AV. besteht nicht, da die Nichtgefährdung des Vergleichs und die Erreichung des Zwecks der Geschäftsaufsicht inhaltlich dasselbe bedeuten.

tracht kommen[1]. Das Gericht entscheidet nach freiem Ermessen. Soll hier der Staat dem Verlangen des Gläubigers, von einem ihm ungünstigen Vertrage loszukommen, nicht die Hand reichen, so ist die Ermächtigung auch zu versagen, wenn dem Gläubiger ein vertragliches oder gesetzliches Rücktrittsrecht zusteht.

b) Formelles Erfordernis ist in Durchbrechung des im Vergleichs verfahren herrschenden Amtsbetriebes ein Antrag beim Gericht. Der Antrag, der formlos ist, kann nur von der Partei gestellt werden. Unter Berücksichtigung der Vorschriften über das Verfahren vor den Amtsgerichten (§ 495ff. ZPO. i. V. mit § 8 VO.) ergibt sich durch Analogie zu § 496 Ziff. 2 ZPO., daß der Antrag schriftlich oder zu Protokoll des Gerichtsschreibers eingebracht werden kann. Stellen beide Parteien den Antrag, so ist jeder Antrag gesondert zu prüfen; denn handelt es sich auch um denselben Vertrag, so zwingen doch die Verschiedenheit der Erteilungsvoraussetzungen und die Priorität zur Sachentscheidung über beide Anträge. Das Gericht mag beiden Parteien die Ermächtigung erteilen, da nicht feststeht, ob jeweils von der Ermächtigung Gebrauch gemacht wird. Die Anträge können verbunden werden, soweit mehrere Verträge, an denen der Antragsteller beteiligt ist, abgewickelt werden sollen oder die aus mehreren Personen bestehende Partei ablehnen will[2].

Im Vergleichsverfahren ist im Gegensatz zur Geschäftsaufsicht im Interesse der baldigen Klärung der schuldnerischen Verpflichtungen eine Befristung des Antrags vorgesehen[3].

Die Zweiwochenfrist ist eine gesetzliche Frist; sie ist Ausschlußfrist[4], nach deren Ablauf das befristete Recht erlischt, was von Amts wegen zu beachten ist. Sie ist nicht eine Notfrist[5], da sie als solche nicht bezeichnet ist (§ 223 ZPO. i. V. m. § 8 VO.); eine Wiedereinsetzung in den vorigen Stand ist daher nicht möglich (§ 233 Abs. 1 ZPO.). Verlängerung der Frist auf einseitigen Antrag einer Partei ist unzulässig, da gesetzliche Fristen nur in besonders bestimmten Fällen verlängert werden können (§ 224 Abs. 2 ZPO.)[6]. Ferner wird der Fristlauf nicht durch die Gerichtsferien gehemmt (§ 98 Abs. 2 VO., § 223 Abs. 2 ZPO., § 202 GVG.). Für den Beginn der Frist ist § 222 ZPO. zu beachten: Da für den Anfang

---

[1] Motive zu § 28 VO.: „Die Ermächtigung wird dem Gläubiger zu versagen sein, wenn er trotz Sicherstellung der Erfüllung die Gelegenheit benutzen will, um sich von einem für ihn ungünstigen Vertrage zum Nachteil des Schuldners und der übrigen Gläubiger loszusagen.“

[2] Vgl. oben § 7 zu 4.

[3] § 28 Abs. 2 VO.: „Das Gesuch um Ermächtigung zur Ablehnung der Erfüllung oder der weiteren Erfüllung muß binnen zwei Wochen nach der öffentlichen Bekanntmachung des Eröffnungsbeschlusses (§ 27) beim Gericht eingebracht werden.“

[4] Mayer: VO. § 28 Anm. 19. — Samolewitz: § 28 Anm. 6.

[5] Samolewitz: a. a. O. [6] Vgl. Jaffa: S. 36.

der Frist ein Ereignis (Bekanntmachung der Eröffnung) maßgebend ist, so wird bei der Berechnung der Tag der Bekanntmachung nicht mitgerechnet (§ 187 Abs. 1 BGB.). Der Antrag muß spätestens am letzten Tage der Frist beim Gericht eingegangen, „bei ihm angebracht" sein.

3. Die Entscheidung über den Antrag kann ohne mündliche Verhandlung ergehen (§ 10 VO.). Regelmäßig wird sich indes eine mündliche Verhandlung schon mit Rücksicht auf die Anhörung der Vertrauensperson und des Gegners nicht erübrigen. Im Anschluß daran oder in einem zur Verkündung anberaumten Termin wird der Beschluß verkündet (§ 495, 329 Abs. 1. ZPO., § 8 VO.). Wem wird aber der Beschluß zugestellt, wenn eine mündliche Verhandlung nicht stattfindet? Eine entsprechende Anwendung von § 329 Abs. 3 ZPO. kann nur ergeben, daß der Beschluß, sei es, daß er dem Antrag stattgibt oder nicht, nur dem Antragsteller zuzustellen ist[1]. LUCAS[2] nimmt an, daß eine Zustellung auch an den Vertragsgegner zu erfolgen habe. Das Reichsgericht[3] hat dies für das Geschäftsaufsichtsverfahren im Wege der Analogie von § 922 und § 936 ZPO. abgelehnt; doch sind dies Spezialvorschriften über den Arrest und die einstweilige Verfügung, deren analoge Anwendung im Vergleichsverfahren etwas weit hergeholt erscheint. Die Ansicht von LUCAS läßt sich aber noch dazu durch einen Vergleich mit der vormundschaftsrichterlichen Genehmigung entkräften, die nur dem antragstellenden Vormund erklärt werden kann (§ 1828 BGB.). Im übrigen kann auch ein Hinweis auf § 182 BGB. mangels Anwendbarkeit dieser Vorschrift auf die Ermächtigung[4] die Gegenansicht nicht stützen. Soweit der Beschluß im Falle einer mündlichen Verhandlung verkündet wird, erhält der Antragsteller eine Ausfertigung des Beschlusses.

4. Ist der Antragsteller im Besitz der Ermächtigungsurkunde, so kann er die Ablehnung oder Kündigung unter Vorlegung des Beschlusses bis zur Bestätigung des Vergleichs[5] dem Gegner erklären[6]. OERTMANN[7]

---

[1] In § 329 ZPO. handelt es sich um das Verfahren als solches betreffende Prozeßbeschlüsse, die den Parteien im Falle mündlicher Verhandlung verkündet werden müssen, dagegen ohne mündliche Verhandlung zuzustellen sind. Im Ermächtigungsverfahren fehlen jedoch Parteien im Sinne der streitigen Gerichtbarkeit. Es ist nur ein Antragsteller vorhanden, der den Erlaß eines ihm günstigen Beschlusses begehrt. Auch wenn der Gegner in der mündlichen Verhandlung mitwirkt, kann er nicht als Partei angesehen werden und eine Zustellung des Beschlusses, selbst wenn er durch diesen beschwert wird, nicht verlangen. Ebenso: SALOMON: VO. § 28 Anm. 3; OLG. Hamm in JW. 1927, 1707; LG. I Berlin in K. u. T. 1928, 15. Vgl. auch K. u. T. 1927, 159.

[2] LUCAS: VO., S. 91.

[3] RG. CXIV, 385 = JW. 1927, 381. [4] Vgl. oben zu 1.

[5] SAMOLEWITZ: VO. § 28 Anm. 10. — BENDIX: VO. § 28 II, III. — CAHN: JW. 1928, 1121. — BERNHARDT: S. 19.

[6] MAYER: VO. § 28 Anm. 12. [7] OERTMANN: JW. 1927, 1707.

hält eine Mitteilung oder Vorlegung des Beschlusses nicht für erforderlich. Dem steht jedoch die bedenkenfrei zulässige Analogie aus dem Vormundschaftsrecht gegenüber: § 1831 BGB. (ebenso § 111 BGB.), die ergibt, daß die Erklärung ohne gleichzeitige Vorlegung des Beschlusses unwirksam ist[1], sofern der Gegner die Erklärung unverzüglich aus diesem Grunde zurückweist[2]. Die mit der Ablehnung oder Kündigung verbundenen Rechtsfolgen treten dann erst mit der erneuten Erklärung unter Vorlegung der Ermächtigung ein. Die gegenteilige Ansicht von SAMOLEWITZ überzeugt nicht; es handelt sich doch hier um eine einseitige Vertragsauflösung und nicht um eine beiderseitige Vereinbarung, auf die der Vergleich mit § 108 Abs. 2 BGB. passen könnte.

Die Ermächtigung ist auch dann wirksam, und die mit der Ablehnungserklärung eingetretenen materiellen Rechtsfolgen werden nicht berührt, wenn ein gegenseitiger Vertrag zwischen den Parteien nicht vorliegt oder es an den sonstigen Voraussetzungen des § 28 VO. fehlt. Das Gericht hat nur über die Zweckmäßigkeit der Ermächtigungserteilung zu entscheiden, nicht aber über die im Antrag behaupteten oder unterstellten materiellen Grundlagen. Bestreitet der Gegner die Voraussetzungen, so kann nur Feststellungsklage über das Bestehen des Rechtsverhältnisses erhoben werden. Der Einwand des Nichtbestehens eines derartigen Vertrages kann stets noch erhoben werden[3].

§ 9. Abwicklung während des Verzuges und der Rechtshängigkeit.

1. Inwieweit kann während des Verzuges einer Partei bezüglich der Leistung aus einem gegenseitigen Vertrage noch die Erfüllung oder weitere Erfüllung abgelehnt werden?

Die Verfahrenseröffnung hindert grundsätzlich den Verzug des Schuldners nicht, wie § 4 VO. ergibt[4]. Ist der Vergleichsschuldner vor oder nach der Eröffnung im Leistungsverzuge, und ist ihm eine Nachfrist vom Gläubiger noch nicht gesetzt oder zwar gesetzt, aber noch nicht abgelaufen, oder hat der Gläubiger bisher weder eine Schadensersatzforderung geltend gemacht, noch ist er vom Vertrage zurückgetreten, so sind die beiderseitigen Erfüllungsansprüche noch nicht erloschen. Wird die Ablehnung gemäß § 28 VO. erklärt, so nimmt der Gläubiger mit dem Ersatzanspruch am Verfahren teil; wird nach der Eröffnung

---

[1] KIESOW: § 28 V. — BENDIX: VO. § 28 II. — SALOMON: § 28 Anm. 3. — MAYER: VO. § 28, Anm. 12. — A. A.: CAHN: VO., S. 200. — SAMOLEWITZ: § 28 Anm. 9.

[2] Tut er dies nicht, so ist für diesen Fall OERTMANNS Lehre insoweit zutreffend, als die Erklärung trotzdem wirksam ist.

[3] CAHN: LZ. 1928, 657ff. zu 3. — LUCAS: S. 91.

[4] RG. in DJZ. 1926, 824. — MAYER: VO. § 28 Anm. 17. — KIESOW: Vorb. zu Abschn. 3 unter II 3. — BERNHARDT: S. 20.

eine Ablehnung gemäß § 326 BGB. erklärt und dabei Schadensersatz wegen Nichterfüllung verlangt, so nimmt der Gläubiger mit dieser Forderung am Verfahren nicht teil[1]. Der Gläubiger steht sich also besser, wenn er, sofern der Vergleichsschuldner im Verzug ist, eine Frist setzt oder den Ablauf der Frist abwartet und von der Ablehnung mit Ermächtigung keinen Gebrauch macht. Der Vergleichsschuldner andrerseits kann durch eine rechtzeitige Erfüllungsablehnung mit Ermächtigung des Gerichts noch vor dem Fristablauf den Gläubiger auf eine am Verfahren teilnehmende Schadensersatzforderung verweisen. Die Erfüllungsansprüche erlöschen dann infolge der schuldnerischen Ablehnung bereits vor dem Fristablauf, der als solcher dem Gläubiger dann keine Rechte mehr gibt. Am besten steht sich der Gläubiger, wenn die Leistung dem Schuldner aus einem von diesem zu vertretenden Grunde unmöglich wird oder beim Verzuge des Gegners für den Gläubiger kein Interesse mehr hat. Dann kann er sofort zum Schadensersatz übergehen, der am Verfahren nicht teilnimmt (§ 325 Abs. 1 Satz 1; § 326 Abs. 2 BGB.). Sobald infolge Ablaufs der ordnungsmäßig vom Gläubiger gesetzten Nachfrist (§ 326 BGB.) die Erfüllungsansprüche erloschen sind, kann die Ablehnung selbstverständlich nicht mehr erklärt werden.

Wenn der Gläubiger nach der Verfahrenseröffnung eine Nachfrist setzt, so ist hierin eine schlüssige Handlung, die auf seinen Erfüllungs- oder Nichterfüllungswillen schließen ließe, noch nicht zu erblicken, denn er gibt durch die Fristsetzung einmal zu erkennen, daß er noch die Leistung des Gegners annehmen und selbst erfüllen werde, aber auch, daß er nach dem Fristablauf die Erfüllung nicht mehr annehmen werde.

2. Die Vertragsabwicklung während der Rechtshängigkeit der sich aus dem Vertrage ergebenden Erfüllungsansprüche erzeugt Wirkungen prozeß- und vergleichsrechtlicher Natur, die im einzelnen auf ihre Bedeutung und Zweckmäßigkeit zu untersuchen verlohnt.

Erfüllungsklagen aus einem gegenseitigen beiderseits noch unerfüllten Vertrage erscheinen in folgenden Formen: Die nicht vorleistungspflichtige Partei klagt auf Erfüllung. Je nachdem, ob der Gegner die Einrede des nicht erfüllten Vertrages im Prozeß erhebt oder nicht, wird er gegebenenfalls zur Leistung gegen Empfang der Gegenleistung (§ 320, 322 BGB.) oder nur zur Leistung verurteilt. Hat der vorleistungspflichtige Kläger, der auf Erfüllung klagt, noch nicht geleistet, so wird die Klage abgewiesen; ist der Beklagte im Annahmeverzug, so wird er zur Leistung Zug um Zug verurteilt.

Für die Ablehnung der Erfüllung oder weiteren Erfüllung im Prozeß ist es von wesentlicher Bedeutung, ob die Erklärung der Ablehnung

[1] Vgl. oben § 5 a. E.

dem Prozeßgegner vor oder nach dem Urteil zugeht, also während des Prozesses die Erfüllungsansprüche zugunsten des Schadensersatzanspruches des Gläubigers erlöschen oder erst im Laufe des Vollstreckungsverfahrens.

a) Es soll zunächst die Rechtslage vor dem Urteil untersucht werden. Gleichgültig, ob der Rechtsstreit vor oder nach der Eröffnung des Vergleichsverfahrens über eine Partei anhängig geworden ist, wird er durch das Verfahren in keiner Weise beeinflußt, da der Prozeß anders als im Konkurs (§ 240 ZPO.) nicht unterbrochen wird, und der Vergleichsschuldner aktiv und passiv legitimiert bleibt, ferner aber auch der gerichtlichen Geltendmachung des Erfüllungsanspruchs aus einem gegenseitigen Vertrage als am Verfahren nicht teilnehmender und von diesem nicht betroffener Anspruch vom und gegen den Vergleichsschuldner nichts im Wege steht (§ 4 VO.). Im einzelnen sind nun folgende Modalitäten denkbar:

Der Kläger sei der Vergleichsschuldner. Ohne Rücksicht auf das Vergleichsverfahren kann er ein Urteil erwirken, vollstrecken lassen und die Gegenleistung empfangen. Lehnt jedoch eine Partei die Erfüllung ab, so erlischt der vom Kläger geltend gemachte Erfüllungsanspruch. Der Kläger wird, wenn er selbst abgelehnt hat, die Klage mit Einwilligung des Gegners zurücknehmen (§ 271 ZPO.), im Falle der Ablehnung des Beklagten aber gemäß § 268 Z. 3 ZPO. Verurteilung in die Kosten verlangen. Der während des Prozesses entstandene Schadensersatzanspruch des Beklagten unterliegt alsdann als am Verfahren beteiligte Forderung einer besonderen, noch zu erörternden Behandlung.

Der Beklagte sei der Vergleichsschuldner. Lehnt keine Partei ab, so kann der Kläger ein Urteil erwirken und vollstrecken lassen, da § 32 VO. dem nicht entgegensteht. Kommt es jedoch zur Ablehnung vor dem Urteil, so erhält der Kläger während des Prozesses einen Schadensersatzanspruch. Auch in diesem Falle empfiehlt sich Klagerücknahme, um die Abweisung zu vermeiden. Der Kläger kann jedoch den Klageanspruch verbessern. Die Voraussetzungen der Klageverbesserung (§ 268 ZPO.), die ohne Rücksicht darauf, ob der Beklagte in sie einwilligt oder das Gericht sie für sachdienlich erachtet (§ 264 ZPO.), vorgenommen werden kann, liegen vor. Ohne daß der Klagegrund, nämlich das Vorliegen eines gegenseitigen Vertrags, fortfällt — der Ersatzanspruch beruht auch auf dem Vertrag[1] —, wird statt des ursprünglichen Erfüllungsanspruchs wegen einer nachträglich eingetretenen Veränderung, nämlich der während der Rechtshängigkeit des Anspruchs erklärten Ablehnung, das Interesse, d. i. der auf Grund von § 30 VO. dem Kläger zugebilligte Schadensersatzanspruch, gefordert

[1] Vgl. unten § 13.

(§ 268 Z. 3 ZPO.). Das RG. hat zwar die Voraussetzungen für eine Klageverbesserung im Konkurs verneint[1], doch war für diese Entscheidung maßgebend, daß der Konkursgläubiger erst nach der Erfüllungsablehnung durch den Verwalter Klage auf Feststellung seines Erfüllungsanspruchs erhoben hatte und alsdann das Erfüllungsinteresse begehrt hatte[2].

Ist eine Klageverbesserung nun zweckmäßig? Der Kläger ist durch die Ablehnung während des Prozesses ein am Verfahren beteiligter und vom Vergleich betroffener Gläubiger geworden (§ 30 i. V. mit §§ 2, 4 Satz 2 VO.) und ist naturgemäß meistens noch nicht in das Gläubigerverzeichnis mit seiner Schadensersatzforderung eingetragen, da dieses bereits dem Antrag auf Verfahrenseröffnung beigefügt werden muß (§ 16 Z. 1 VO.). Die Tatsache, daß der Kläger als zur Zeit der Aufstellung des Verzeichnisses noch nicht beteiligter Gläubiger im Verzeichnis erscheint (§ 17 Abs. 1. 3 VO.), reicht nicht zur Wahrung der sich ihm durch die nachträglich eintretende Beteiligung am Verfahren ergebenden Rechte, vor allem der Ausübung des Stimmrechts (§ 62 VO.), aus. Der Kläger wird also gut tun, zunächst seine Schadensersatzforderung bis zum Beginn der Abstimmung über den Vergleichsvorschlag nachträglich anzumelden (§ 60 VO.). Im Vergleichstermin wird alsdann seine Forderung erörtert (§ 62 Abs. I VO.); soweit der Schuldner oder ein Gläubiger gegen die Forderung nicht Widerspruch erheben, wird diese im Verzeichnis mit dem Vermerk des Anerkenntnisses versehen (§ 62 Abs. 4 VO.). Damit ist aber anders als im Konkurs die Forderung nicht mit Rechtskraftwirkung festgestellt (§ 145 Abs. 2 KO.), sondern sie genießt nur, sofern der Vergleich vom Gericht bestätigt wird (§ 67 Abs. 1 VO.), Vollstreckbarkeitswirkung (§ 75 Abs. 1 VO.). Bei einem regelmäßigen Verlauf, also nachträglicher Anmeldung und Eintragung des Ersatzanspruchs, Anerkenntnis, Bestätigung des Vergleichs, ist also der Kläger zunächst ausreichend durch die Aussicht, aus dem bestätigten Vergleich in Verbindung mit einem Auszug aus dem berichtigten Gläubigerverzeichnis wegen seiner Schadensersatzforderung die Zwangsvollstreckung betreiben zu können, geschützt. Der Schuldner, der Einwendungen gegen die Forderung im Wege der Zwangsvollstreckungsgegenklage erhebt[3], unterliegt dabei nicht den Beschränkungen des § 767 Abs. 2 ZPO., da eine rechtskräftige Feststellung der Schadensersatzforderung nicht erfolgt ist. Sollte der Schuldner in Verzug

[1] RG. LXIV, 207.

[2] Die Klageverbesserung war also mangels einer „später" eingetretenen Veränderung der Tatumstände unzulässig bei der Reihe: Ablehnung — Klageerhebung — Begehren des Erfüllungsinteresses; sie ist aber zulässig bei der Reihe: Klageerhebung — Ablehnung — Begehren des Erfüllungsinteresses. Vgl. hierzu auch JAEGER: KO. § 17 Anm. 44.

[3] Mit dem besonderen Gerichtsstand des § 75 Abs. 2 VO.

kommen, so wird ein Erlaßvergleich im Zweifel hinfällig (§ 7 VO.). Da nun die Vollstreckungsklausel sich nur auf die durch die Vergleichsbestätigung reduzierte Schadensersatzforderung bezieht, die Vollstreckungswirkung jedoch gemäß dem Anerkenntnis des gesamten Schadensersatzanspruchs die ganze Forderung ergreift[1], so ist auch bei Hinfälligwerden des Vergleichs der Kläger genügend gesichert; denn er kann in der in § 726 ZPO. bezeichneten Weise bei dem in § 75 Abs. 2 VO. bezeichneten Gericht die Klage auf Erteilung der Vollstreckungsklausel erheben (§ 731 ZPO.), sofern ihm nicht der erforderliche Beweis (§ 726 ZPO.) gelingt, und somit Befriedigung für den vollen, ihm entgangenen Schaden erlangen.

Erscheint also eine Klageverbesserung in der Hauptsache nicht notwendig, so mag der Kläger sich auf den Antrag auf Verurteilung des Beklagten in die Kosten beschränken und sich im übrigen mit dem Vollstreckungstitel des § 75 VO. begnügen. Es sind aber auch Fälle denkbar, in denen dem Kläger die Vollstreckbarkeitswirkung nicht zugute kommt, weil gegen die Forderung ganz oder teilweise Widerspruch erhoben wird, der Kläger die Eintragung in das Verzeichnis versäumt, der Vergleichsvorschlag abgelehnt oder der Vergleich nicht bestätigt wird. Der Schuldner wird sogar oft den infolge der Kürze der Zeit zwischen der Ablehnungserklärung und dem Vergleichstermin noch nicht zur Substantiierung gebrachten Ersatzanspruch des Klägers der Höhe nach bestreiten. Oft wird sich auch aus dem gleichen Grunde nicht feststellen lassen, ob und welcher Schaden entstanden ist. Entfällt also dann die Möglichkeit, einen Vollstreckungstitel im Vergleichsverfahren zu erlangen, so ist eine Klageverbesserung am Platze. Der Vergleichstermin bleibt freilich in der Regel abzuwarten, sofern nicht etwa der Beklagte sofort bestreitet. Hier helfen Vertagung von Amts wegen oder neue Terminsanberaumung auf Antrag des Klägers, unter Umständen auch ein Ruhen des Verfahrens mit Einwilligung des Beklagten.

Der beklagte Vergleichsschuldner kann alsdann während oder nach Beendigung des Vergleichsverfahrens zur Zahlung des Schadensersatzes verurteilt werden; das Urteil, das für vorläufig vollstreckbar erklärt wird, kann mit einer vollstreckbaren Ausfertigung versehen werden. § 32 VO. steht nicht im Wege, da er nur ein Hindernis für die Vollstreckung bietet[2]. Das Prozeßgericht hat aber nicht zu beachten, ob der Kläger Vergleichsgläubiger ist oder nicht, und ob der Beklagte Vergleichsschuldner ist, und daher während der Dauer des Verfahrens nicht vollstreckt werden kann[3]. Allerdings muß gefordert

---

[1] Hierzu Motive zu § 75 VO. [2] JAEGER: KO. § 14 Anm. 16.

[3] Die Annahme BERNHARDTS (a. a. O., S. 37, 38), daß das Prozeßgericht einen *Vermerk* in den Urteilstenor aufnehmen darf, der Kläger

werden, daß die Vollstreckungsinstanz von Amts wegen diese Prüfung vornimmt, da Zwangsvollstreckungen nicht vorgenommen werden „können". Praktisch ergeben sich freilich hierbei in größeren Amtsgerichtsbezirken Schwierigkeiten[1]. Sofern der Gerichtsvollzieher die vollstreckungshindernden Tatsachen kennt, hat er den Vollstreckungsauftrag abzulehnen; erfährt er nachträglich, daß das Vergleichsverfahren noch schwebt, und der Kläger beteiligter Gläubiger ist, so muß er die weitere Vollstreckung ablehnen[2]. Der Kläger mag dann Erinnerung einlegen[3] (§ 766 ZPO.). Pfändet dagegen der Gerichtsvollzieher, so ist die Pfändung nichtig und erzeugt kein Pfändungspfandrecht. Die Nichtigkeit kann von jedem, der an ihr ein rechtliches Interesse hat, geltend gemacht werden, so von allen Gläubigern[4] oder vom Schuldner, im Wege der Erinnerung nach § 766 Abs. 1 ZPO. Die vorgenommene Pfändung wird dann für unzulässig erklärt und aufgehoben (§ 775 Z. 1, § 776 ZPO.). Falls eine Erinnerung nicht eingelegt wird und der Kläger den Erlös aus der Verwertung der gepfändeten Sachen erhält, gilt diese Zahlung nicht als Befriedigung für den Schadensersatzanspruch (§ 819 ZPO.); der Kläger müßte das durch die nichtige Vollstreckung Erlangte als ungerechtfertigte Bereicherung herausgeben (§ 812 Abs. 1 Satz 1 BGB.)[5].

Schiebt der Kläger die Erteilung des Vollstreckungsauftrags bis zur Zeit nach der Beendigung des Vergleichsverfahrens hinaus, so steht der Pfändung und Verwertung § 32 VO. nicht mehr entgegen. Der Kläger kann den Vollstreckungsauftrag auf die Vergleichsquote oder den infolge der im Vergleich gewährten Stundung fälligen Teilbetrag dem Gerichtsvollzieher gegenüber beschränken (§ 755 Abs. 2 ZPO.). Läßt er freilich in voller Höhe vollstrecken, so ist die Vollstreckungsmaßnahme nicht nichtig, sondern nur mit der Vollstreckungsgegenklage angreifbar.

---

gehöre zu den von der Vollstreckungssperre Betroffenen, übersieht offenbar, daß es sich hierbei um ein Feststellungs*urteil* handelt, der „Vermerk" also nicht von Amts wegen aufgenommen werden kann. Die Unzulässigkeit dieses Vermerks nehmen auch LUCAS (VO., S. 92) und MAYER (VO. § 32 Anm. 54) an.

[1] Über geeignete Vorschläge hierzu siehe LUCAS: VO. § 32 IV und BERNHARDT: S. 39.

[2] SAMOLEWITZ: VO. § 32 Anm. 6; K. u. T. 1927, 132; Preuß. JMBl. 1927, 311.

[3] SAMOLEWITZ: a. a. O., Anm. 8. — KIESOW: § 32 VI 2. — MAYER: VO. § 32 Anm. 52. Der Gerichtsvollzieher selbst hat kein Entscheidungsrecht über die materiellrechtliche Frage der Beteiligung des Gläubigers. A. A.: KIESOW: § 32 IV 1.

[4] So richtig: BERNHARDT: S. 43.

[5] Zur Begründung dieses Kondiktionsanspruchs siehe KIESOW: § 32 VI 4. — LUCAS: VO. § 32 VI. — BERNHARDT: S. 49.

b) Die Ablehnung der Erfüllung kann aber auch noch nach dem Urteil erfolgen, wenn der Kläger seine Leistung noch nicht vollständig erbracht hat und nicht schon durch Zwangsvollstreckungsmaßnahmen oder Leistungen des Beklagten befriedigt ist. Es mag zunächst die Wirkung der Ablehnung zwischen Urteilsfällung und Pfändung betrachtet werden. Ob das Urteil vor oder nach der Eröffnung des Vergleichsverfahrens ergangen ist, bleibt unerheblich. Der Kläger kann stets die Erteilung des Vollstreckungsauftrags aufschieben oder zurückziehen, um abzuwarten, ob er für seine Schadensersatzforderung einen vollstreckbaren Titel nach § 75 VO. erlangt. Ist dies nicht der Fall, so muß der Kläger gegebenenfalls von neuem gegen den Vergleichsschuldner auf Zahlung des Schadens klagen, denn er kann den Titel auf Erfüllung aus dem Vertrage nicht zur Zwangsvollstreckung zwecks Befriedigung seines Schadensersatzanspruchs verwerten. Hier hilft auch nicht die Auftragsbeschränkung nach § 755 ZPO., da der Ersatzanspruch nicht ein Teil des ursprünglichen Erfüllungsanspruchs ist, sondern als neuer Anspruch an die Stelle der erloschenen Erfüllungsansprüche getreten ist. Es ist vielmehr nach dem Urteil „ein Widerspruch zwischen der materiellrechtlichen und vollstreckungsrechtlichen Rechtslage[1]" eingetreten, wobei sich das Vollstreckungsrecht nicht nach der Entwicklung des materiellen Rechtes richtet, sondern durch den vollstreckbaren Titel materielle Feststellung und Begrenzung empfängt. Die trotzdem auf Grund des Erfüllungstitels vorgenommene Pfändung ist aber nicht ipso iure unzulässig, wie das RG. sagt[2], sondern erst auf Grund eines auf Zwangsvollstreckungsgegenklage des Beklagten ergangenen Urteils. Freilich muß der Vergleichsschuldner dann nachweisen, daß seine Einwendungen ihm nicht schon in der letzten mündlichen Verhandlung bekannt waren (§ 767 Abs. 2 ZPO.)[3].

Erfolgt die Ablehnung nach der Pfändung[4], so ist fraglich, wie das erworbene Pfändungspfandrecht zu behandeln ist. Ist dann dem Gläubiger überhaupt kein Schaden entstanden, so geht mit dem Erlöschen der Erfüllungsansprüche, für die das Pfändungspfandrecht erwirkt worden war, dieses unter[5]. Der Vergleichsschuldner mag die Vollstreckungsgegenklage erheben und Aufhebung der Pfändung erwirken[6]. Ist dagegen ein Schaden entstanden, so kann das Pfändungspfand-

---

[1] Oertmann zu RG. CXIV, 384 in JW. 1927, 381.

[2] RG. CXIV, 384.

[3] Hat der Kläger die Ablehnung erklärt, so ist der Vollstreckungsgegenklage sicher stattzugeben. Zweifel können entstehen, ob nicht der Beklagte, wenn er abgelehnt hat, im Prozeß darauf hätte hinweisen müssen und daher mit dieser Einwendung jetzt nicht mehr gehört werden kann.

[4] Ein im Hinblick auf § 816 Abs. 1 ZPO. wohl seltenerer Fall.

[5] Wolff, M.: Sachenrecht 1923, § 171 III.

[6] So auch Bernhardt: S. 19.

recht offenbar nicht untergehen, wie § 804 Abs. 2 ZPO. und § 1210 BGB. ergeben, wonach das Pfändungspfandrecht dem Gläubiger dieselben Rechte im Verhältnis zu den anderen Gläubigern wie einem Faustpfandgläubiger gibt, das Faustpfand jedoch für die Forderung in ihrem jeweiligen Bestand haftet. Ein rechtsgeschäftliches oder gesetzliches Mobiliarpfand würde aber sicher auch für die Schadensersatzforderung haften, die das Surrogat der erloschenen Erfüllungsansprüche ist. Mit Rücksicht auf § 804 ZPO. dürfte aber kein Anlaß bestehen, den Pfändungspfandgläubiger schlechter zu stellen als den Faustpfandgläubiger, zumal die ZPO. auch in sonstigen Vorschriften dem nicht entgegenzustehen scheint. Das RG. führt in der genannten Entscheidung §§ 322, 704 ZPO. gegen die Forthaftung des Pfändungspfandrechts, ohne zu überzeugen, ins Feld. Man müßte dem zustimmen, wenn nicht der Schadensersatzanspruch eine inhaltliche Veränderung der Erfüllungsansprüche wäre.

Das Pfändungspfandrecht würde also in einem derartigen Falle nicht untergehen; die gepfändeten Gegenstände haften aber dem Gläubiger nur noch in Höhe des ihm zustehenden Schadensersatzanspruchs, mit dem er am Verfahren beteiligt ist. Kommt es zur vollen Verwertung, so gebührt dem Gläubiger nur eine Teilauszahlung des Erlöses. Der Vergleichsschuldner hat zu seinem Schutz die Rechtsbehelfe aus § 766 Abs. 1 und § 767 ZPO. In den seltenen Fällen, in denen der Kläger einen vollstreckbaren Titel nach § 75 VO. nicht erlangt und aus irgendwelchen Gründen sofort vollstrecken will, ist alsdann „die Zwangsvollstreckung für unzulässig zu erklären, soweit der Schaden den Erfüllungsanspruch nicht erreicht".

Nach der Verwertung der Pfandstücke ist die Ablehnung nur bis zur Empfangnahme des Erlöses durch den Gerichtsvollzieher möglich, da diese als Zahlung des Schuldners gilt (§ 819 ZPO.). Bei Forderungspfändungen ist zu unterscheiden, ob eine Überweisung zur Einziehung oder an Zahlungsstatt erfolgt. Im letzteren Falle geht mit der Zustellung des Pfändungsbeschlusses an den Gläubiger auf diesen die Forderung mit der Wirkung über, daß er, soweit die Forderung besteht, als befriedigt gilt[1]. Bei der Überweisung zur Einziehung ist die Ablehnung bis zur Empfangnahme des Erlöses nach der beliebig vom Gläubiger vorzunehmenden Einziehung möglich. Soweit in solchen Fällen noch die Ablehnung erklärt wird, hat der Vergleichsschuldner zu seinem Schutze die Vollstreckungsgegenklage.

§ 10. Ablehnung und Kündigung des beschränkt Geschäftsfähigen.

Wenn ein Minderjähriger oder sonst beschränkt Geschäftsfähiger einen Vertrag abwickeln will, so fehlt ihm im allgemeinen die Antrags-

[1] § 835 Abs. 2, 3; § 829 Abs. 3 ZPO.

fähigkeit (§ 28 VO.), da er nicht prozeßfähig ist. Nur der gesetzliche Vertreter kann also die Ermächtigung beantragen (§ 51 ZPO. i. V. m. § 8 VO.). Soweit freilich der Minderjährige zum selbständigen Betrieb eines Erwerbsgeschäfts von seinem gesetzlichen Vertreter ermächtigt ist, ist er für alle Rechtsgeschäfte unbeschränkt geschäftsfähig — also auch prozeßfähig —, welche der Geschäftsbetrieb mit sich bringt. Hierunter fällt auch der Abschluß und die Aufhebung der zum Betrieb des Geschäfts erforderlichen Verträge, die der Minderjährige also ohne Genehmigung des Vertreters ablehnen und kündigen kann. In diesem Falle bedarf es aber auch keiner Genehmigung für den Ermächtigungsantrag. Dasselbe gilt für die Ausnahme des § 113 BGB. für Dienst- und Arbeitsverträge, die der beschränkt Geschäftsfähige selbst mit Ermächtigung des Gerichts kündigen kann.

Abgesehen von den Fällen der §§ 112, 113 BGB. bedarf der beschränkt Geschäftsfähige der Genehmigung des gesetzlichen Vertreters für die Erklärung der Ablehnung oder Kündigung, bei der er zudem den vom Vertreter erwirkten Ermächtigungsbeschluß vorzulegen hat. Fehlt die Genehmigung oder die Ermächtigung, so ist die Erklärung an den Vertragsgegner unwirksam (§ 111 BGB.). Liegen beide zwar vor, werden sie aber vom Minderjährigen nicht in schriftlicher Form vorgelegt, so ist die Erklärung ebenfalls unwirksam, wenn sie der Gegner aus diesem Grunde unverzüglich zurückweist. Selbstverständlich ist, abgesehen von den Fällen der §§ 112, 113 BGB., die Genehmigung des gesetzlichen Vertreters auch dann erforderlich, wenn der Vertrag durch Übereinkunft der Parteien nach der Vergleichseröffnung abgewickelt wird.

§ 11. Grenzen der Abdingbarkeit von §§ 28—30 VO.

Können die Parteien für den Fall der vorzeitigen Abwicklung eines gegenseitigen Vertrags im Vergleichsverfahren des einen Teils im voraus den Ausschluß des Ermächtigungserfordernisses vereinbaren? Die ratio legis scheint die Frage zu bejahen. Wird doch das Zustandekommen des Vergleichs dadurch insoweit gefördert, als der Schuldner von seiner Verpflichtung befreit wird, und der Umfang seiner Schuldenlast sich um so früher offenbart. Selbst wenn dem Gläubiger infolge der vorzeitigen Vertragsabwicklung ein unverhältnismäßiger Schaden entsteht, erwachsen keine Bedenken, da der Gläubiger von vornherein diese Nachteile auf sich genommen hat. Fehlt eine derartige Vertragsklausel, so können die Parteien natürlich auch einen Aufhebungsvertrag schließen, denn soweit sich der Gegner mit der vorzeitigen Beendigung des Vertragsverhältnisses einverstanden erklärt, ist der Vertragszweck erreicht[1]. Ein Schadensersatzanspruch ist in beiden

[1] MAYER: VO. § 28 Anm. 13. — Offenbar auch CAHN: LZ. 1928, 657ff. zu 3. — RG. CXII, 57.

Fällen, wenn nichts vereinbart ist, dem Gläubiger nur beim Vorliegen der für die Entstehung eines solchen Anspruchs erforderlichen bürgerlich-rechtlichen Voraussetzungen zuzubilligen; § 30 VO. verhilft dem Gläubiger hierzu nicht, da er einen Ersatzanspruch nur bei einer Ablehnung oder Kündigung mit gerichtlicher Ermächtigung gewährt. — Im übrigen kann auch vereinbart werden, daß der Vertrag mit der Eröffnung des Vergleichsverfahrens über eine Partei von selbst erlischt[1] oder der Gegner zurücktreten kann; einen Schadensersatzanspruch regelt wieder der Vertrag.

Immer ist zu beachten, daß derartige Abreden Bestandteile des gegenseitigen Vertrags werden, dem sie hinzugefügt sind, und daher jede Partei nach der Vergleichseröffnung vom Vertrage und damit auch den genannten Abreden sich lossagen kann (§ 28 VO.)[2], außer wenn der Vertrag mit der Eröffnung erlischt.

Unzulässig ist dagegen der Ausschluß der vorzeitigen Vertragsabwicklung überhaupt, da diese Abrede das Zustandekommen des Vergleichs gefährdet und dem Schutz des Schuldners sowie der übrigen Gläubiger widerspricht[3].

Bezüglich § 30 VO. ist als ius cogens anzusehen, daß der Gläubiger mit seinem Schadensersatzanspruch am Vergleichsverfahren beteiligt ist und vom Vergleich betroffen wird. Der vertragliche Ausschluß der Beteiligung am Verfahren, also die Zusicherung des Schuldners, den Ersatzanspruch voll befriedigen zu wollen, ist als eine der ratio legis widersprechende, den Vergleich gefährdende und dem Schuldner nachteilige Vereinbarung nichtig. Ein Verzicht auf die Geltendmachung des Ersatzanspruchs ist natürlich möglich.

§§ 28—30 VO. sind also insoweit abdingbar, als es sich mit dem Ziel des Zustandekommens des Vergleichs verträgt[4].

§ 12. Gläubiger und Schuldner im Vergleich oder im Konkurs.

Es kann vorkommen, daß die Parteien eines gegenseitigen Vertrags nahezu gleichzeitig insolvent werden; es sei an Zusammenbrüche in der gleichen Branche, an Konjunkturschwierigkeiten erinnert. Hier interessieren die Fälle, in denen jeder Kontrahent Vergleichsschuldner ist, oder der eine Vergleichsschuldner und der andere im Konkurs ist[5].

---

[1] Mayer: VO. § 28 Anm. 16. — Samolewitz: § 28 Anm. 11.

[2] Kiesow: § 28 XI.

[3] Ebenso wie das Wahlrecht des Konkursverwalters und die Kündigungsbefugnis nach §§ 19, 22 KO. nicht für abdingbar gehalten wird: Jaeger: KO. § 17 Anm. 55^{b}. — Pinner: LZ. 1928, 391. — A. A.: Kiesow: § 28 X 7. — Samolewitz: § 28 Anm. 11.

[4] Über die Abdingbarkeit der gesetzlichen Fristen (§ 29 VO.) siehe oben § 18 zu 6.

[5] Die Rechtslage im Konkurs beider steht hier nicht zur Erörterung.

Sind beide Parteien im Vergleichsverfahren, so ist ein zwischen ihnen bestehender gegenseitiger Vertrag zunächst weiter zu erfüllen (§ 4 VO.); innerhalb jedes Verfahrens kann aber die Erfüllung oder weitere Erfüllung abgelehnt werden. Für den Ermächtigungsantrag ist das Vergleichsgericht beider Schuldner örtlich und sachlich zuständig, da jeder als Schuldner des Vertrages bei seinem Gericht und als Vertragsgläubiger bei dem für das Verfahren des Gegners zuständigen Gericht den Antrag stellen kann. Lehnt dann der eine mit gerichtlicher Ermächtigung ab, so wird ein inzwischen vom Gegner gestellter Antrag gegenstandslos. Sobald ein Gericht den Antrag abgelehnt hat, erscheint eine nochmalige Antragstellung bei demselben Gericht durch den Gegner nicht mehr zulässig[1]. Es ist aber möglich, daß das eine Gericht die Ermächtigung seinem Vergleichsschuldner versagt, das andere sie aber seinem Schuldner erteilt.

Wer die Erfüllung ablehnt, erhält nur dann als Gläubiger eine am Verfahren des Gegners teilnehmende Schadensersatzforderung, wenn die Ermächtigung vom Vergleichsgericht des Gegners erteilt ist; denn sobald das Gericht des Ablehnenden ermächtigt hat, gilt dieser nicht als Antragsgegner im Sinne von § 30 VO., und die Ermächtigung war ihm auf Grund der in § 28 Abs. 2 VO. bezeichneten Erwägungen erteilt worden.

Die Rechtslage bei der Kündigung von Miet-, Pacht- und Dienstverträgen wird noch unten zu erörtern sein.

Ist dagegen der eine Teil im Konkurs, der andere im Vergleichsverfahren, so wird der Vertrag zunächst zwar erfüllt, wenn der Verwalter sich für die Erfüllung entscheidet oder er bzw. der Vergleichsschuldner nicht innerhalb von 14 Tagen nach der Vergleichseröffnung den Antrag auf Ermächtigungserteilung stellen[2]. Kommt es aber zur Ablehnung der Erfüllung, sei es über § 17 KO., sei es über § 28 VO., so ist ein wesentlicher Unterschied zwischen der konkursrechtlichen und der vergleichsrechtlichen Ablehnung zu beachten: Die Erklärung des Konkursverwalters, nicht erfüllen zu wollen, löst einen Schadensersatz-

---

[1] Mayer: VO. § 28 Anm. 25.

[2] Es erscheint unbedenklich, dem Verwalter das Antragsrecht und die Ablehnungsbefugnis des § 28 VO. zu übertragen, deren Ausübung mit Rücksicht auf den dadurch entstehenden Masseanspruch (siehe oben) die Erfüllungsablehnung nach § 17 KO. fast ganz ausschaltet. Der Vergleichsschuldner kann übrigens den Ermächtigungsantrag durch Aufforderung an den Konkursverwalter gemäß § 17 Abs. 2 KO. zunächst umgehen; nur wenn der Verwalter Erfüllung verlangt, ist die Ablehnung mit gerichtlicher Ermächtigung für den Vergleichsschuldner der einzige Weg, vom Vertrag loszukommen. Die Ablehnung muß dem Konkursverwalter erklärt werden; sie ist natürlich nicht mehr möglich, wenn der Konkursverwalter bereits formlos die Erfüllung nach § 17 KO. abgelehnt hat.

anspruch des Vergleichsschuldners aus, mit dem dieser am Konkursverfahren teilnimmt (§ 26 KO.). Die Ablehnungserklärung des Konkursverwalters nach § 28 VO. erzeugt dagegen einen Schadensersatzanspruch der Konkursmasse, dessen Geltendmachung dem § 30 VO. unterliegt. Dieser Anspruch ist keine nicht massezugehörige Neuforderung, denn die VO. läßt in § 30 gerade erkennen, daß der Schadensersatzanspruch, obwohl nach der Eröffnung entstanden, nicht als Neuanspruch anzusehen ist. Der Konkursverwalter wird also in solchen Fällen stets die Kosten und die geringe Mühe für die Stellung des Ermächtigungsantrags aufwenden.

III. Der Schadensersatzanspruch (§ 30 VO.).

§ 13.

1. § 30 VO. gibt dem Gläubiger des Vergleichsschuldners für den Fall der Ablehnung oder Kündigung des Vertrages dem Grunde nach einen Schadensersatzanspruch wegen Nichterfüllung in Anlehnung an § 9 Abs. 2, § 10 Abs. 2 Satz 1 und § 11 Abs. 2 G-AV. Während diese Vorschriften dem Gläubiger bei Erfüllungsablehnung ebenfalls ausdrücklich einen Schadensersatzanspruch gaben, ist die gleiche Frage im Konkurs zweifelhaft[1]. Im Vergleichsverfahren ist jedoch das Gesetz selbst der Entstehungsgrund des Anspruchs[2]. Die VO. geht davon aus, daß der Gläubiger nicht erst dann einen Entschädigungsanspruch haben soll, wenn ihm ein solcher nachträglich zusteht oder der Schuldner im Verzuge ist, sondern schon auf Grund der vorzeitigen Vertragsabwicklung. Der Ersatzanspruch ist damit gerechtfertigt, daß der Gläubiger mit dem Vertragsabschluß ein wohlerworbenes Recht auf Vertragserfüllung erlangt hat, das ihm durch die vorzeitige Vertragsbeendigung verlorengeht; der Anspruch beruht aber weder auf unerlaubter Handlung, noch setzt er überhaupt ein Verschulden des Schuldners voraus[3]. Er ist in keine der allgemeinen Schadensersatzgründe einzureihen, sondern stellt einen besonderen, durch die Zwecke des Vergleichsverfahrens gekennzeichneten, aus dem Gesetz und dem abgewickelten Vertrage fließenden

---

[1] § 26 KO. regelt nur die Frage, wie der Gläubiger eines gegenseitigen Vertrages eine Forderung wegen Nichterfüllung einer Verbindlichkeit oder der Aufhebung eines Rechtsverhältnisses geltend machen kann. Trotzdem wird allgemein angenommen, daß der Gläubiger einen Schadensersatzanspruch habe. Woraus sich der Anspruch ergibt, ist streitig. Es mag auf die der Lösung der Frage offenbar allein gerecht werdende Ansicht JAEGERS (KO. § 17 Anm. 43) verwiesen werden, wonach § 17 KO. unausgesprochen den Grundsatz der Schadloshaltung des Gläubigers enthalte.

[2] CAHN: VO., S. 102. — LUCAS: JW. 1927, 1667. — KG. in K. u. T. 1929, 80.

[3] JAEGER: a. a. O.

Anspruch dar[1]. Zu beachten ist jedoch, daß § 30 VO. nur dem Gegner einen Ersatzanspruch bei *Vertragsablehnung* zubilligt, während § 26 S. 2 KO. sich auf jeden der in den dort bezeichneten Fällen begründeten Ersatzanspruch bezieht.

2. Es macht keinen Unterschied, welcher Teil die Ablehnung oder Kündigung erklärt[2]. Wenn dem Gläubiger auch bei seiner eigenen Ablehnung ein Ersatzanspruch erwächst, so erinnert dies an den Grundsatz des bürgerlichen Rechts, daß diejenige Partei, die einen zum Schadensersatz verpflichtenden Umstand zu vertreten hat, dem Gegner für den Leistungsausfall einen Ausgleich zu schaffen hat, gleichgültig, ob die Erfüllungsansprüche durch das Verhalten des einen oder anderen Teils erlöschen (vgl. §§ 325, 326 BGB.). Der Vergleichsschuldner hat niemals einen Schadensersatzanspruch, da er die durch seine Insolvenz hervorgerufene Vertragsabwicklung zu vertreten hat, und die ihm durch diese entstandenen Rechtsnachteile nicht ausgleichsbedürftig sind.

Der Ersatzanspruch des Gläubigers entsteht bei der Vertragsablehnung schon mit dem Zugehen der Erklärung an den Gegner, bei der Kündigung aber erst mit dem Ablauf der Kündigungsfrist. Die Entstehung des Schadensersatzanspruchs ist die unmittelbare Folge des Erlöschens der beiderseitigen Erfüllungsansprüche und ist also durch die Eröffnung des Vergleichsverfahrens und das Erlöschen der Erfüllungsansprüche infolge Ablehnung oder Kündigung bedingt. Obwohl der Anspruch zur Zeit der Vergleichseröffnung, also bedingt im Vertrage begründet ist, entsteht er doch erst während des Verfahrens. Der Gläubiger müßte also als Neugläubiger außerhalb des Vergleichsverfahrens stehen. Da aber in den meisten Fällen der Schadensersatzanspruch dem Erfüllungsanspruch gleichkommt, könnte der Gläubiger alsdann die Gegenleistung ohne eigene Leistung, von der er auf Grund von §§ 28, 29 VO. befreit ist, einziehen. Um diese Unbilligkeit zu vermeiden und die durch das Abwicklungsverfahren bezweckte Vergleichsförderung nicht hinfällig werden zu lassen, hat man den Gläubiger auf die Beteiligung am Vergleichsverfahren verwiesen.

Grundsätzlich wird nur durch die mit gerichtlicher Ermächtigung vorgenommene Ablehnung oder Kündigung ein Schadensersatzanspruch ausgelöst. Bleiben die Parteien also beim Vertrage stehen, und erhält der Gläubiger einen Schadensersatzanspruch z. B. aus § 326 BGB., so

---

[1] Jaeger (a. a. O.) bezeichnet die ausdrückliche Regelung einer Schadensersatzpflicht des Schuldners im Hinblick auf den innigen Zusammenhang von § 30 VO. und § 17 KO. als „authentische Interpretation" zu § 17 KO.

[2] Motive zu § 30 VO.: „In jedem Falle scheitert die Erfüllung des Vertrags an der ungünstigen Vermögenslage des Schuldners, die dieser zu vertreten hat."

muß der Vergleichsschuldner diese Forderung voll befriedigen. LUCAS[1] wendet nun dann, wenn dem Gläubiger vertraglich ein Ersatzanspruch bei vorzeitiger Vertragsabwicklung zugesichert ist, § 30 VO. analog an, hält also den Gläubiger auch in diesem Falle für einen Vergleichsgläubiger. Der Gesetzeszweck widerspricht dem offenbar nicht, denn es ist gleichgültig, ob die Erfüllungsansprüche durch Erklärung einer Partei oder durch Vereinbarung, die vor oder nach der Vergleichseröffnung getroffen wird, erlöschen. Um aber einer Gesetzesumgehung vorzubeugen, die LUCAS mit Recht darin sieht, daß der Gläubiger auf Grund einer solchen Abmachung den ihm entstandenen Schaden außerhalb des Vergleichsverfahrens geltend macht, erscheint eine analoge Anwendung von § 30 VO. für den von LUCAS benannten Fall und bei nach Vergleichseröffnung vereinbarter Vertragsaufhebung geboten[2].

Die Höhe des Schadens bestimmt sich mangels anderweitiger Regelung in der VO. nach § 249ff. BGB. Der Gläubiger hat, wie stets, die Beweislast für den Umfang des Schadens[3]. Es besteht nun kein Anlaß, unter „Schadensersatz wegen Nichterfüllung" in § 30 VO. etwas anderes zu verstehen als in § 280 Abs. 2, § 283 Abs. 1, § 325 und § 326 BGB., so daß man die Frage, ob für den Inhalt desselben die Austausch- oder die Differenztheorie Geltung hat, auch für § 30 VO. stellen könnte. Die Beantwortung ergibt sich jedoch aus dem Gesetz selbst: unter Schadensersatz wegen Nichterfüllung kann nur das Vertragsinteresse im Sinne der reichsgerichtlichen Differenztheorie verstanden werden[4], denn nach der Ablehnung oder dem Ablauf der Kündigungsfrist ist der Ersatz verlangende Gläubiger weder zur vertragsmäßigen Erfüllung verpflichtet noch zur Einziehung der Gegenleistung berechtigt[5]. In Umwandlung des Schuldverhältnisses tritt an die Stelle der wechselseitigen Ansprüche auf Leistung um Gegenleistung der einseitige Anspruch des Gläubigers auf Schadensersatz wegen Nichterfüllung; der Anspruch auf das Leistungsinteresse verdrängt den Leistungsanspruch selbst[6]. Der Gläubiger kann danach verlangen, so gestellt zu werden, wie er stehen würde, wenn der Vertrag erfüllt worden wäre. Indes ist bei der Schadensberechnung wegen Nichterfüllung eines gegenseitigen Vertrages der Grundsatz der Naturalherstellung nicht anwendbar, weil danach nur der Zustand herbeizuführen wäre, der im Falle des Nichteintritts des zum Ersatz verpflichtenden Umstandes bestände, die Parteien also in die Rechtslage vor der Vertragsabwicklung versetzt sein würden. Statt dessen ist entsprechend der bürgerlich-rechtlichen Praxis ein Schadensersatzanspruch in Geld zuzusprechen (§ 251 BGB.).

[1] LUCAS: VO., S. 93. [2] MAYER: VO. § 30 Anm. 17.
[3] CAHN: G-AV., S. 110. [4] RG. L, 255; LVIII, 177; LX, 349; CII, 62.
[5] Nach den Motiven zu § 30 sollen die Erfüllungsansprüche fortfallen.
[6] Ebenso im Konkurs: JAEGER: KO. § 17 Anm. 44.

Der Gläubiger hat nun die Wahl zwischen der abstrakten Schadensberechnung — Ersatz des Gewinns, der nach dem gewöhnlichen Lauf der Dinge mit Wahrscheinlichkeit erwartet werden konnte (§ 252 BGB.) — oder der konkreten, d. h. er kann die besonderen vertraglichen Verhältnisse zugrunde legen. Kann der Gläubiger einen entgangenen Gewinn nachweisen, so sind hierauf vereinbarte Rabatt- oder Skontozahlungen anzurechnen, wie auch der Zwischenzins bei betagten Forderungen abgezogen werden muß (§ 2 VO.; § 65 Abs. 2 KO.)[1]. Im übrigen ist auch im Rahmen von § 30 VO. eine Vorteilsausgleichung anzuerkennen und konkurrierendes Verschulden der ersatzberechtigten Partei bei der Schadenshöhe zu berücksichtigen[2].

3. Wie bemißt sich nun der Schadensersatzanspruch dann, wenn vor der Vertragsabwicklung bereits Teilleistungen von einer oder beiden Seiten erbracht worden sind?

Die VO. entscheidet im Gegensatz zu § 26 Satz 1 KO. nicht, ob vor der Ablehnung der weiteren Erfüllung in das Vermögen des Vergleichsschuldners übergegangene Teilleistungen zurückgefordert werden können[3]; unentschieden ist auch, ob der Vergleichsschuldner von ihm bewirkte Teilleistungen zurückverlangen kann, und ob Teilleistungen auf den Schadensersatzanspruch des Gläubigers angerechnet werden können.

a) Da die Ablehnung anders als der Rücktritt den Vertrag nicht aufhebt, so fällt, wie im Konkursrecht vielfach angenommen wird[4], der Rechtsgrund der Leistung nicht fort, womit einem Bereicherungsanspruch der Boden entzogen wäre. Das RG. hat denn auch früher der Konkursmasse die condictio versagt[5]. Die heutige herrschende Meinung geht aber davon aus, daß im Hinblick auf den dem Gläubiger durch den Empfang der Teilleistung ohne Gegenleistung auf Kosten der übrigen Gläubiger entstandenen unberechtigten Gewinn ein Ausgleich geschaffen werden muß. Denn bleibt der Vertrag auch trotz der Erfüllungsablehnung bestehen, so verändert er sich doch inhaltlich durch den Wechsel der Ansprüche und läßt demgemäß die bereits erfolgte Leistung als eine nicht gerechtfertigte erscheinen[6]. Danach dürfte auch im Vergleichsrecht dem Schuldner die condictio zustehen[7].

---

[1] Kiesow: § 28 X 5.

[2] Mayer: VO. § 28 Anm. 24. — Jaeger: KO. § 17 Anm. 45[b].

[3] Die Motive zu § 30 VO. enthalten sich ausdrücklich einer Stellungnahme hierzu.

[4] RG. LVI, 241; Petersen-Kleinfeller: S. 96; Seuff. Arch. 42, Nr. 76.

[5] RG. LVI, 239.

[6] Ähnlich in § 323 BGB.: Wegfall des rechtlichen Grundes trotz Bestehenbleiben des Vertrages.

[7] Kiesow: § 28 X 4. — Mayer: VO. § 30 Anm. 18. — Samolewitz: § 4 Anm. 13. — Vgl. auch Jaeger: KO. § 17 Anm. 46. — Mentzel. KO. § 26 Anm. 4. — RGR. Komm. § 812 8 c δ. — A. A.: Lucas: S. 93.

Der Vergleichsschuldner kann jedoch die Teilleistung nur zurückfordern, wenn ihr Wert höher ist als der Schadensersatzanspruch des Gläubigers. Ist der Wert geringer, so findet eine Anrechnung der in Geld umgerechneten Teilleistung auf den Schadensersatzanspruch statt[1]; diese Anrechnung ist eine compensatio lucri cum damno. Den Kondiktionsanspruch, der also nur gegeben ist, wenn der Wert der Teilleistung den Schaden übersteigt oder der Gläubiger überhaupt keinen Schaden erleidet, auf Vertrag und nicht auf ungerechtfertigte Bereicherung zu begründen, wie es das RG. im Konkurs getan hat[2], liegt im Vergleichsverfahren kein Anlaß vor. Denn § 30 VO. ergibt, daß auch im Falle der weiteren Erfüllung die gesamten Erfüllungsansprüche für die Zukunft fortfallen[3], nicht aber der Vertrag insoweit, als von einer Seite bereits teilweise erfüllt ist, bestehen bleibt[4]. Man kann die Kondiktion in den zulässigen Fällen auf § 812 Abs. 1 Satz 2 Halbs. 1 (condictio ob causam finitam) oder Halbs. 2 (condictio causa data non secuta) stützen, denn wie mit der Ablehnung der rechtliche Grund der Teilleistung entfällt[5], so kann auch der Nichteintritt des beabsichtigten Erfolges darin erblickt werden, daß der Vergleichsschuldner seine Leistung zum Zwecke der Erfüllung seiner vertraglichen Verbindlichkeit gemacht hatte, durch die Ablehnung der bezweckte Erfolg jedoch unmöglich gemacht wurde[6], da die erloschenen Erfüllungsansprüche auch in Zukunft nicht wieder aufleben können[7]. Dem steht nicht entgegen, wie SANDROCK bemerkt[8], daß bei einem gegenseitigen Vertrage die Erlangung der Gegenleistung nicht als der mit einer Leistung nach dem Vertragsinhalt bezweckte rechtliche Erfolg angesehen werden kann; denn gerade § 323 BGB., der eine condictio causa data non secuta enthält[9], beweist das Gegenteil.

b) Gilt nun das gleiche, wenn der Gläubiger vor der Vertragsablehnung Teilleistungen erbracht hat? Die KO. schließt in § 26 S. 1 einen Anspruch des Gläubigers auf Rückübertragung der in das Eigentum oder das Vermögen des Gemeinschuldners übergegangenen körperlichen Gegenstände aus, um den Istbestand der Masse nicht zu verringern. Da die VO. schweigt, könnte man dem Gläubiger ebenso wie

---

[1] Eine Aufrechnung ist nicht möglich; denn wenn auch der Ersatzanspruch des Gläubigers als eine zur Zeit der Eröffnung bereits bedingte Forderung vorhanden ist, so scheidet doch eine Aufrechnung dieses Anspruchs gegen den Bereicherungsanspruch deswegen aus, weil beide Ansprüche unselbständig sind und voneinander inhaltlich abhängen.

[2] RG. LXXIII, 58. [3] KIESOW: § 28 X 4.

[4] LUCAS: VO., S. 93; Motive zu § 30 a. E.

[5] JAEGER: KO. § 17 Anm. 46.

[6] KIESOW: a. a. O. — STAUB-KOENIGE: HGB. § 382 Anm. 85.

[7] Motive: a. a. O. [8] SANDROCK: S. 125.

[9] ENNECCERUS: § 442 I,3.

dem Vergleichsschuldner einen Bereicherungsanspruch zubilligen oder auch § 26 S. 1 KO. analog anwenden. Die Frage ist bisher offenbar im letzteren Sinne entschieden worden[1], was auch den Vergleichszwecken allein gerecht wird, da die in das Vermögen des Gemeinschuldners übergegangene Leistung im Interesse des Zustandekommens des Vergleichs der Gläubigerbefriedigung nicht entzogen werden soll. Insofern dient das Behaltendürfen der Leistung dem Schutze des Schuldners; die Gläubiger erscheinen jedoch über den Rahmen von § 30 VO. hinaus nicht schutzbedürftig, denn „bei der Berechnung der Schadenshöhe muß naturgemäß auf das Rücksicht genommen werden, was der Gläubiger zur Erfüllung des Vertrages bereits geleistet hat"[2]. Der Gesetzgeber hatte also offenbar nur eine Anrechnung bei dem Ausgleich der Leistungen im Auge, nicht eine Kondiktion. Danach kann also der Gläubiger seinem für die Nichterfüllung des Vertrages berechneten Schadensersatzanspruch den Gegenwert für die bewirkten Teilleistungen hinzurechnen; mit der ganzen Forderung nimmt er dann am Verfahren teil und wird vom Vergleich betroffen. Der Vergleichsschuldner steht sich also wesentlich besser als bei der Kondiktion.

4. Eine weitere Frage ist die Behandlung einer Vertragsstrafe und einer Draufgabe im Vergleichsverfahren.

a) Nach § 339 S. 1 BGB. ist eine für den Fall nicht oder nicht gehöriger Erfüllung versprochene Vertragsstrafe verwirkt, wenn der Schuldner im Verzug ist. Kommt der Versprechende ins Vergleichsverfahren, so nimmt die infolge des bereits vor der Eröffnung eingetretenen Verzuges verwirkte Strafe wegen Nichterfüllung eines gegenseitigen Vertrages als dessen Bestandteil am Verfahren nicht teil und wird vom Vergleich nicht betroffen (§ 4 VO.)[3], sofern der Gläubiger sich gemäß § 340 Abs. 1 Satz 1 BGB. erst nach der Eröffnung für die Forderung der Vertragsstrafe entscheidet; hat er dagegen schon vor der Eröffnung die Strafe an Stelle der Erfüllung verlangt, so unterliegt die Forderung auf Zahlung der Vertragsstrafe dem § 2 VO., da die Erfüllungsansprüche zur Zeit der Eröffnung erloschen sind (§ 340 Abs. 1 Satz 2 BGB.). Wählt der Gläubiger nach der Eröffnung die Erfüllung unter Verzicht auf die Vertragsstrafe, so kann der Vertrag nicht mehr vorzeitig abgewickelt werden, da das Wahlrecht konsumiert ist. — Soweit eine Vertragsstrafe für den Fall der nicht gehörigen Erfüllung eines gegenseitigen Vertrages vereinbart ist, kann der Gläubiger die Strafe neben der Erfüllung verlangen (§ 341 Abs. 1 BGB.). Gleichgültig, ob die Vertragsstrafe vor oder nach der Eröffnung verwirkt wird, kann sie voll geltend gemacht werden. Die nach der Vergleichs-

[1] Mayer: VO. § 30 Anm. 19. [2] Motive zu § 30 VO.
[3] Wilmersdoerffer: VO. § 30.

eröffnung abgegebene Erklärung, die Vertragsstrafe fordern zu wollen, läßt den Willen erkennen, Erfüllung zu verlangen und schließt die Ablehnungsbefugnis aus.

Fraglich ist, ob eine Vertragsstrafe, abgesehen von dahingehender Vereinbarung, auch ohne Verzug des Vergleichsschuldners durch die Ablehnung der Erfüllung oder weiteren Erfüllung fällig wird. Hierfür spricht die ratio legis: wenn schon beim Verzuge des Versprechenden — wo die Erfüllungsansprüche zunächst bestehen bleiben und nur die Leistung des einen Teils nicht oder nicht gehörig erbracht wird — die Vertragsstrafe verwirkt wird, so muß dies kraft argumentum a minore ad maius erst recht der Fall sein, wenn infolge eines vom Schuldner zu vertretenden Umstandes durch die Ablehnung der Erfüllung die Erfüllungsansprüche erlöschen[1], wobei es gleichgültig ist, welche Partei ablehnt, da in jedem Falle die Vertragserfüllung an der ungünstigen Vermögenslage des Schuldners scheitert, die dieser zu vertreten hat.

Im Falle des § 340 BGB. kann dann der Gläubiger, der schon infolge der Ablehnung einen Schadensersatzanspruch hat, die durch die Ablehnung gleichzeitig verwirkte Vertragsstrafe als Mindestschaden fordern (§ 340 Abs. 2 BGB.). Für die Vertragsstrafe wegen nicht gehöriger Erfüllung gilt dasselbe (§ 341 Abs. 2 BGB.), doch wird sie dann durch die Ablehnung nur verwirkt, wenn die weitere Erfüllung abgelehnt wird, und insofern die Erfüllung des ganzen Vertrages als nicht gehörig angesehen werden kann.

Eine vom Vergleichsgläubiger versprochene Vertragsstrafe wird bei der Vertragsabwicklung nicht fällig, weil die Erfüllung an der vom Vergleichsschuldner zu vertretenden schlechten Vermögenslage scheitert.

Das richterliche Ermäßigungsrecht (§ 343 BGB.) wird — soweit es nicht in den allerdings zahlreichen Fällen, wo der Vergleichsschuldner Kaufmann ist, ausgeschlossen ist (§ 348 HGB.) — eine bedeutende Rolle spielen, wenn hohe Vertragsstrafen das Zustandekommen oder die Durchführbarkeit des Vergleichs gefährden oder dem Gläubiger einen unverhältnismäßigen Vorteil gewähren.

b) Ist zum Zeichen eines Vertragsabschlusses etwas als Draufgabe gegeben, so kann der Geber, wenn er die Nichterfüllung des Vertrages verschuldet, die Draufgabe nicht zurückfordern (§§ 336, 338 BGB.). Das gilt auch dann, wenn der Geber im Leistungsverzuge ist und der Empfänger nach § 326 BGB. Schadensersatz wegen Nichterfüllung verlangt[2]. Ist der Geber im Vergleichsverfahren, so wird man wohl das gleiche bei der Vertragsabwicklung nach §§ 28, 29 VO. aus den oben bei der Vertragsstrafe entwickelten Gründen annehmen können. Der

---

[1] So für den Konkurs: JAEGER: KO. § 17 Anm. 44, 47; für das Vergleichsverfahren: KIESOW: § 28 X 7.

[2] ENNECCERUS: § 260 Anm. 3.

Gläubiger muß sich aber unter entsprechender Anwendung von § 338 Satz 2 BGB. im Zweifel die empfangene Draufgabe in voller Höhe auf seinen Schadensersatzanspruch anrechnen lassen. — Sollte der Gläubiger eine Draufgabe gegeben haben, so kann er sie nach der Ablehnung nicht zurückfordern, aber auf den Ersatzanspruch anrechnen.

IV. Besonderheiten.

§ 14. Abwicklung von Sukzessivlieferungsverträgen und Wiederkehrschuldverhältnissen.

1. *Sukzessivlieferungsverträge sind Lieferungsverträge über gattungsmäßig bestimmte Sachen, kraft deren jede Partei die ihr obliegende Gesamtleistung in vereinbarten oder aus der Natur des Vertrages sich ergebenden zeitlich getrennten Einzelleistungen zu machen hat.* Der Inhalt der Leistung ist zumeist fest von vornherein bestimmt. Die Behandlung dieser Verträge bei Insolvenz einer Partei ist bestritten: man erblickt in ihnen teils einen einheitlichen Vertrag, teils mehrere, den einzelnen Leistungsraten entsprechende selbständige Vertragsabschnitte und knüpft demgemäß an die Ablehnung der Erfüllung oder weiteren Erfüllung verschiedene Rechtsfolgen.

Der Sukzessivlieferungsvertrag bietet zunächst keinerlei Schwierigkeiten, solange die Parteien nach der Eröffnung des Vergleichsverfahrens über einen Vertragsteil weiterhin erfüllen; nach § 4 VO. sind alsdann die einzelnen noch zu leistenden Raten und Zahlungen unabhängig vom Vergleichsverfahren weiter zu erbringen[1]. Die vorzeitige Abwicklung von Suklv. dürfte jedoch mit Rücksicht auf die das Zustandekommen und die Durchführbarkeit des Vergleichs gefährdenden langwierigen Verpflichtungen des Vergleichsschuldners die Regel sein, wie man überhaupt die Abwicklungsvorschriften der VO. als besonders für langfristige Lieferungsverträge geschaffen ansehen kann[2].

Das Ablehnungsrecht ist nun zunächst für diejenige Partei verwirkt, die nach der Vergleichseröffnung auch nur eine Teilleistung noch bewirkt, fordert oder annimmt[3]. Kommt es zur Ablehnung der *Erfüllung* — es ist noch keine Rate geliefert oder bezahlt —, so erlöschen die beiderseitigen Erfüllungsansprüche auf Bewirkung sämtlicher Raten und verwandeln sich in einen einheitlichen Schadensersatzanspruch des Gläubigers. Bestritten ist jedoch, wie sich die Ablehnung der *weiteren Erfüllung* auswirkt, und mit welchen Ansprüchen der Gläubiger am Verfahren teilnimmt. Hierher fallen die Fälle, in denen der Vergleichs-

---

[1] Dies rügt WEINBERG: JW. 1929, 1640.

[2] Motive zu §§ 9—11 G-AV. — SALOMON: VO. Vorbem. zu Abschn. 3, S. 54.

[3] BENDIX: G-AV., S. 45.

schuldner oder sein Gegner schon vor der Vergleichseröffnung Teilleistungen bewirkt haben, für die zur Zeit der Eröffnung ganz oder teilweise die Gegenleistung gemacht ist, oder für die der Vorleistende noch nichts empfangen hat.

Zunächst der Fall, daß der Vergleichsschuldner für solche Leistungen, die ihm vor der Eröffnung gemacht sind, noch keine Gegenleistung erbracht hat, und nunmehr von einer Partei die Ablehnung erklärt wird. Faßt man eine Teilleistung des Suklv. als Erfüllung eines rechtlich selbständigen Vertragsabschnittes auf, so sind derjenige oder diejenigen Einzellieferungsverträge, die bereits von der Gläubigerseite zur Zeit der Eröffnung voll erfüllt sind, zu scheiden von den zu diesem Zeitpunkt beiderseits unerfüllten Verträgen. Der Gläubiger hat also wegen seiner Gegenforderungen aus den erstgenannten Verträgen eine am Verfahren beteiligte und vom Vergleich betroffene Forderung (§ 2 VO.)[1]; der Anspruch auf Schadensersatz wegen Nichterfüllung tritt dann nur insoweit an die Stelle der durch die Ablehnung erloschenen Erfüllungsansprüche, als seitens des Gläubigers die übrigen Raten noch nicht erbracht sind. Eine derartige Aufteilung von Suklv. nimmt indes die herrschende Meinung nicht an, sondern erblickt in ihnen einen einheitlichen Vertrag. Daher ergreift die Ablehnung der *weiteren Erfüllung* den ganzen Vertrag, auch wenn der Vergleichsschuldner schon Raten empfangen hat, und der Gläubiger muß seinen Schaden wegen der gelieferten und noch nicht gelieferten Raten im ganzen berechnen.

Es dürfte sich auch ein beachtlicher Grund nicht dagegen einwenden lassen, daß die dem Suklv. eigentümlichen Ratenlieferungen gegen entsprechende Bezahlung im Zweifel immer nur Teilleistungen des als Einheit gedachten Vertrages sein sollen. Es kann natürlich vereinbart werden, daß jede Lieferung selbständige Gewährleistungsansprüche erzeugen soll, von jeder Lieferung unabhängig von den anderen zurückgetreten werden kann und jede Leistung klagbar ist; dann sind diese nur in eine einheitliche Form gebrachten Einzellieferungsverträge mit der beiderseitigen Erfüllung der sich aus ihnen ergebenden Leistungspflichten voll erfüllt. Ein derartiger Parteiwille muß jedoch erkennbar aus den Vereinbarungen hervorgehen; auf ihn kann nicht schon dann geschlossen werden, wenn die gelieferten Teilleistungen sofort bezahlt werden, da dies auch ein Merkmal der rechtlich unselbständigen Teillieferungen eines einheitlichen Suklv. ist. Diese im Zweifel anzunehmende Einheitlichkeit des Suklv. hat das RG. für den Bierlieferungsvertrag, den Milchpachtvertrag u. a. in ständiger Rechtsprechung[2]

---

[1] So: Bendix: VO., S. 24 und JW. 1928, 1126 und Weinberg-Manasse, VO. zu § 4.

[2] RG. LXVII, 104; RG. in Warn. Rechtspr. 1909, Nr. 288; Gruchot: 53, 948; Seuff. Arch. 74, Nr. 28.

angenommen und als allgemeinen Rechtsgrundsatz anerkannt, daß gewöhnlich ein einheitlicher Vertrag auch nur einheitlich stehen und fallen könne[1]. Danach kann also, wie für das Konkurs-[2] und das Vergleichsverfahren[3] allgemein angenommen wird, die Ablehnung der Erfüllung nicht auf die noch nicht gemachten Teilleistungen beschränkt werden, und der Gläubiger muß den ihm entstandenen Schaden wegen der gelieferten, aber noch nicht bezahlten und wegen der infolge der Ablehnung nicht mehr zu liefernden Raten einheitlich geltend machen; mit diesem Schadensersatzanspruch nimmt er am Verfahren teil.

Entgegen der bisherigen Übung im Konkurs- und Geschäftsaufsichtsverfahren hat es in der Zeit der Vorbereitung der VO. besonders aus Wirtschaftskreisen nicht an Stimmen gefehlt, die entsprechend der Behandlung der Wiederkehrschuldverhältnisse auch für Suklv. eine Teilung derart forderten, daß bei erfolgter einseitiger Teilleistung seitens des Gläubigers die Forderung auf die entsprechende Gegenleistung am Verfahren teilnehmen und vom Vergleich betroffen werden, und nur der noch nicht erfüllte Teil vom Verfahren unberührt bleiben solle, und daß nach der Ablehnung der restlichen Teilleistungen der Schadensersatzanspruch auf deren Nichterfüllung zu beschränken sei. Die VO. hat eine Bestimmung hierüber nicht aufgenommen, die Motive sprechen sich aber gegen diese geforderte Regelung aus[4].

---

[1] Ähnlich ist die Rechtslage beim Verzug und der Unmöglichkeit: bei teilweiser Nichterfüllung vor Ablauf der Nachfrist und bei teilweiser Unmöglichkeit steht dem Gläubiger bei mangelndem Interesse an der Vertragserfüllung die Wahl zwischen Schadensersatz wegen Nichterfüllung der ganzen Verbindlichkeit oder Rücktritt von der *ganzen* Verbindlichkeit zu (§ 326 Abs. 1 S. 3 i. V. mit § 325 Abs. 1 S. 2 BGB.). Die hier dem Gläubiger erteilte Befugnis, selbst bei verzögerter Erbringung oder Unmöglichkeit einer Teilleistung für den ganzen Vertrag Schadensersatz zu fordern, verhindert, daß der Gläubiger das mindere Recht ausübt, nämlich von der unmöglichen oder verzögerten Teilleistung zurücktritt oder nur für diese Schadensersatz fordert.

[2] RG. XXXIX, 57; LI, 281; LXXXV, 211; IIC, 138; OLG. 27, 243. — OBERNECK in GRUCHOT: 50, 538 mit Literatur. — JAEGER: KO. § 17 Anm. 17, 18; KonkR. § 7.

[3] KIESOW: § 4 IV 1. — SALOMON: VO. § 28 Anm. 3. — SAMOLEWITZ: § 4 Anm. 6. — MAYER: VO. § 4 Anm. 14; § 30 Anm. 14. — JAFFA: S. 39. — WIERUSZOWSKI: VO., S. 27. — LUCAS: zu § 4. — KLEWITZ: K. u. T. 1927, 150. — LG. Bautzen in JW. 1927, 2476. — KG. in K. u. T. 1929, 78. — A. A.: BENDIX: JW. 1928, 1126; VO., S. 24. — WEINBERG-MANASSE: a. a. O. — LG. III Berlin in JW. 1928, 78.

[4] Motive zu § 4 VO. Abs. 3: „Die Regelung des § 4 VO. soll auch für die Suklv. gelten. Mehrfach ist für Geschäfte dieser Art empfohlen worden, den Gläubiger, der bereits erfüllt hat, mit dem seiner Leistung entsprechenden Teil seines Anspruchs auf die Gegenleistung am Verfahren zu beteiligen. Der Entwurf ist dieser Anregung nicht gefolgt. Mit ihr würde er sich zu den entsprechenden Vorschriften des Konkursrechts in Widerspruch setzen.

Wenn BENDIX[1] grundsätzlich die Einheitlichkeit des Suklv. leugnet, so scheint ein Verkennen des Unterschiedes zwischen Suklv. und Wiederkehrschuldverhältnissen die Ursache dieser Ansicht zu sein. BENDIX scheint auch nicht zugeben zu wollen, daß ein Sukzessivlieferungsgeschäft als einheitlicher Vertrag aufgefaßt werden muß, wenn bei seinem Abschluß nichts über die Natur der Einzelleistungen vereinbart wird. Gewiß ist BENDIX recht zu geben, daß jede Lieferung im Sinne von § 4 und § 28 VO. rechtliche Selbständigkeit genießt, „wenn die Erfüllung des gegenseitigen Vertrags nach Art und Eigenschaft des Leistungsgegenstandes jeder Vertragsseite teilbar ist und nach dem übereinstimmenden Willen der Parteien nur in Teilen stattfinden soll.“ Das ist zwar anerkannten Rechts, aber nicht geeignet, als allgemeine Regel für alle Suklv. zu gelten.

Auf der Grundlage der Einheitlichkeit des Suklv. ergibt sich also folgendes: Der Gläubiger hat eine Teilleistung vor der Eröffnung gemacht und bisher noch keine oder nur teilweise Gegenleistung dafür empfangen. Erfolgt keine Ablehnung, so bleibt der ganze Vertrag vom Vergleich unberührt[2]. Der Gläubiger kann dann für die vor der Eröffnung gemachten Leistungen und für alle späteren volle Gegenleistung fordern und muß seinerseits voll erfüllen. Sollte nach der Vereinbarung jede Lieferung selbständig sein, so sind die vor der Eröffnung vom Gläubiger bewirkten Leistungen Erfüllungshandlungen aus jeweils damit von ihm voll erfüllten gegenseitigen Verträgen, mit deren Gegenforderung der Gläubiger am Verfahren teilnimmt. Lehnt eine Partei den einheitlichen Vertrag ab, so verwandelt sich der gesamte Erfüllungsanspruch des Gläubigers und der noch teilweise bestehende Erfüllungsanspruch des Schuldners in einen einseitigen Schadensersatzanspruch des Gläubigers. Diesem ist einmal dadurch Schaden entstanden, daß der Vergleichsschuldner für die ihm gemachte Teilleistung noch keine Gegenleistung erbracht hat — wobei dieser aber die empfangene Teilleistung nicht wieder herauszugeben braucht (vgl. oben § 13 zu 3) — und ferner dadurch,

---

Denn es ist anerkannten Rechts, daß der Verwalter nach § 17 KO. nur die Möglichkeit hat, einen zweiseitigen Vertrag gar nicht oder voll zu erfüllen; hat also der Gläubiger teilweise geleistet, und wählt der Konkursverwalter Erfüllung, so ist der Gläubiger auch insoweit Massegläubiger, als die Gegenleistung des Schuldners die von dem Gläubiger vor der Konkurseröffnung gemachten Teilleistungen vergütet. Bei den zahlreichen Möglichkeiten, welche für ein Übergleiten des Vergleichsverfahrens in das Konkursverfahren bestehen, erscheint es als wünschenswert, die Regelung in einem so bedeutenden Punkte in beiden Verfahren einheitlich zu gestalten.“

Vgl. Beratungen des Entwurfs S. 7 der Reichstagsdrucksachen III. Wahlperiode 1924/26, Nr. 3430.

[1] BENDIX: a. a. O.

[2] JAEGER: KonkR. § 7. — SALOMON: VO. § 30 Anm. 1.

daß er die Restlieferungen nicht mehr bewirken kann. Der Schadensersatzanspruch ist also nach diesen beiden Gesichtspunkten gesondert zu berechnen. Für den bereits gelieferten Teil kann der Gläubiger denjenigen Schaden ersetzt verlangen, der ihm durch die Nichterfüllung seiner Forderung erwächst, für den noch nicht gelieferten Teil dagegen im allgemeinen den entgangenen Gewinn. Diese Trennung in der Schadensberechnung, die entfällt, wenn der Schuldner die Teillieferungen bezahlt hat, oder wenn dem Gläubiger durch den Fortfall der weiteren Raten kein Schaden entsteht, steht nicht im Widerspruch zu der allgemein geforderten „einheitlichen Berechnung des Schadensersatzes". Die beiden besonders berechneten Schadensbeträge werden zusammengezogen und nehmen am Verfahren teil. — Ist der Vertrag nicht einheitlich, so nimmt die Forderung auf Zahlung der gelieferten Raten am Vergleichsverfahren ebenso teil wie die Schadensersatzforderung wegen der ausgefallenen Restlieferungen.

Danach steht sich der Vergleichsgläubiger beim einheitlichen Suklv. gegenüber den Fällen selbständiger Einzellieferungen nur besser, wenn die Erfüllung nicht abgelehnt wird. Im Falle der Ablehnung nimmt er, soweit es sich um selbständige Einzelverträge handelt, mit dem fälligen Erfüllungsanspruch am Verfahren teil, soweit es sich aber um einen einheitlichen Suklv. handelt, mit dem Schadensersatzanspruch wegen Nichterfüllung der für die gemachten Leistungen fälligen Gegenleistungen. Der Erfüllungs- und der Schadensersatzanspruch dürften sich jedoch in der Regel decken, denn der Schaden des Gläubigers besteht darin, daß der Vergleichsschuldner trotz empfangener Leistung noch nicht gegengeleistet hat.

Es ist aber auch möglich, daß ein einheitlicher Suklv. zur Zeit der Vergleichseröffnung auf beiden Seiten pro rata, und zwar vom Lieferanten und Empfänger gleichmäßig, teilweise erfüllt ist. Man nimmt in der konkursrechtlichen Literatur einerseits an, daß der Konkursverwalter in diesem Fall nur den ganzen Vertrag wegen dessen einheitlicher Natur ablehnen kann[1], oder andrerseits auch, daß derjenige Teil des Vertrages, der vor der Konkurseröffnung durch Leistung und entsprechende Gegenleistung erfüllt sei, vom Wahlrecht des Verwalters nicht berührt werde[2]. Die von den Motiven zur VO. erstrebte Anpassung an die konkursrechtliche Regelung gibt also zu Zweifeln Anlaß. Die letztere Ansicht scheint indes dem Gesetzeszweck der VO. am meisten zu entsprechen. § 28 VO. gibt dadurch, daß die *weitere* Erfüllung abgelehnt werden kann, zu erkennen, daß im Gegensatz zur Ablehnung der Er-

---

[1] SARWEY-BOSSERT: S. 100. — PETERSEN-KLEINFELLER: S. 94. — WILMOWSKI-KURLBAUM: S. 98. — AMON: S. 16. — RG. XXXIX, 57.

[2] JAEGER: KO. § 17, Anm. 16. — OBERNECK in GRUCHOT 50, 538. — OETKER: S. 27. — DÜRINGER-HACHENBURG: HGB. III, S. 221.

füllung die beiderseitigen Ansprüche nur für die Zukunft insoweit erlöschen, als sie nicht schon durch Leistung und Gegenleistung vor der Ablehnung untergegangen sind. Dem Gläubiger wird aber regelmäßig, wenigstens bezüglich der bereits gelieferten und bezahlten Raten, ein Schaden nicht entstanden sein, der Schadensersatzanspruch wegen Nichterfüllung wird vielmehr nur das Ergebnis der beiderseitigen durch die Ablehnung erloschenen Teilerfüllungsansprüche sein. Neben dieser Schadensersatzforderung wegen entgangenen Gewinns bezüglich der Restleistung kann aber auch ein mittelbarer Schaden bezüglich der bereits erfüllten Teilleistungen entstehen, wenn die Leistung nur in ihrer Gesamtheit einen einheitlichen Wert darstellt. In einem solchen Falle verwandelt sich der Resterfüllungsanspruch in einen Schadensersatzanspruch, der neben dem entgangenen Gewinn auch noch die Differenz zwischen dem vollen Leistungswert und dem durch die Trennung der Leistungsgegenstände hervorgerufenen Minderwert umfaßt.

2. Das von JAEGER sog. Wiederkehrschuldverhältnis[1] erfährt eine andere rechtliche Behandlung.

Ein Wiederkehrschuldverhältnis ist ein gegenseitiger Vertrag, kraft dessen beide Parteien während eines zunächst nicht begrenzten, aber später durch Kündigung begrenzbaren Zeitraumes sich einander innerhalb bestimmter Zeitabschnitte Leistungen vereinbarten Inhalts, aber nicht immer festbestimmten Umfangs unter Vorleistungspflicht einer Partei derart zu erbringen haben, daß das Recht auf die Einzelrate fort und fort unter stillschweigender Wiederholung des Vertragsschlusses abschnittweise neu entsteht. Im Gegensatz zum Suklv. ist also der Umfang der Leistungspflicht in der Regel nicht von vornherein festgelegt; das Vertragsende ist unbekannt; in jedem Vertragsabschnitt, der sich aus der Vereinbarung ergibt, kann das Schuldverhältnis durch Kündigung beendet werden. Andrerseits ist hier nach dem Parteiwillen zumeist jeder Abschnitt rechtlich selbständig. Man rechnet hierunter nicht nur Verträge auf Lieferung von Gas, Wasser, Elektrizität[2], auf Benutzung einer Telephonanlage, Zeitungsabonnementsverträge u. a., sondern auch den auf unbestimmte Zeit abgeschlossenen Miet-, Pacht- und Dienstvertrag, der nach Ablauf der zunächst vereinbarten Geltungsdauer mangels einer Kündigung als stillschweigend fortgesetzt gilt (§ 568, § 581 Abs. 2, § 625 BGB.).

Aus der rechtlichen Selbständigkeit des meistens durch die Fälligkeit der Gegenleistung bestimmten Erfüllungsabschnitts ergibt sich,

---

[1] JAEGER: KO. § 17 Anm. 18a.

[2] JAEGER: KO. § 17 Anm. 18b. — STAUB-KOENIGE: HGB. § 382 Anm. 82a. — OLG. Celle in JR. 1927, Nr. 1506. — LG. III Berlin in JW. 1928, 78. — WEISS: K. u. T. 1927, 119. — LEVY: ebenda S. 125. — A. A.: LG. Bautzen in JW. 1927, 2476. — NEFF: LZ. 1927, 1089.

daß sämtliche vor der Vergleichseröffnung beiderseits erfüllte Abschnitte ohne Bedeutung für das Verfahren bleiben, der Gläubiger aber mit der Erfüllungsforderung für die von ihm vor der Eröffnung bewirkte Vorleistung am Verfahren teilnimmt, soweit er nicht etwa bevorrechtigter Gläubiger ist (§ 61 KO.; § 2 VO.)[1]; der Vergleichsschuldner kann volle Erfüllung verlangen, wenn er bereits geleistet hatte. Kommt es zur Abwicklung des Wiederkehrschuldverhältnisses (§§ 28, 29 VO.) — was aber mit Rücksicht darauf, daß die Lösung von einem derartigen Vertrage auch außerhalb des Vergleichsverfahrens im Hinblick auf die jederzeitige Aufkündigung möglich ist, selten erforderlich sein dürfte[2] —, so erlischt der Vertrag im Falle der Ablehnung im laufenden Vertragsabschnitt, bei einer Kündigung im folgenden, sofern die Kündigungsfrist im laufenden nicht mehr eingehalten werden kann[3]. Je nach dem Zeitpunkt des Erlöschens der Erfüllungsansprüche berechnet sich auch der Schadensersatzanspruch des Gläubigers, der wegen entgangenen Gewinns nur auf den Zeitraum erstreckt werden kann, in dem der Gläubiger ohne die vorzeitige Abwicklung mit weiterer Vertragserfüllung nach dem Inhalt der Vereinbarung und den Umständen rechnen konnte, im allgemeinen also nur bis zum Ablauf der Kündigungsfrist.

§ 15. Der gegenseitige Vertrag zugunsten Dritter.

Der Vertrag zugunsten Dritter (§ 328 BGB.), bei dessen Abschluß im allgemeinen ein unmittelbares Forderungsrecht des Dritten gegen den Versprechenden begründet wird, bietet im Vergleichsrecht Besonderheiten, wenn die Forderung des Dritten auf einem zur Zeit der Vergleichseröffnung beiderseits unerfüllten oder nicht vollständig erfüllten gegenseitigen Vertrage beruht.

Ist der Versprechende der Vergleichsschuldner, so ist zu scheiden: hatte sein Gegner vor der Eröffnung voll erfüllt, so hat der Gläubiger eine am Verfahren teilnehmende und vom Vergleich betroffene Erfüllungsforderung (§ 2 VO.). Gläubiger ist nun nicht der Versprechensempfänger (VE.), sondern der Dritte, dem unter den Voraussetzungen des § 328 Abs. 2 BGB. das Forderungsrecht zusteht. Danach tritt also der Dritte, obwohl nicht selbst Vertragsgegner, in die Rechte und Pflichten eines Vergleichsgläubigers ein. Im Zweifel kann aber auch der Vertragsgegner selbst die Leistung an den Dritten vom Vergleichsschuldner fordern (§ 335 BGB.). Beide Forderungen gegen den Schuld-

---

[1] Huth-Walther: G-AV. § 13. — Jaeger: G-AV., S. 53; KO. § 17 Anm. 18a. — Zweigert: G-A. § 13. — Mayer: VO. § 4 Anm. 15. — Samolewitz: § 4 Anm. 7. — LG. Bautzen a. a. O.

[2] Jaeger: KO. § 17 Anm. 18b. — Kiesow: § 4 IV 2.

[3] Mayer: VO. § 2 Anm. 23. — LG. III Berlin a. a. O.

ner sind also inhaltlich auf Leistung an den Dritten gerichtet, sind aber nicht Gesamtforderungen (§ 428 BGB.), da der Schuldner nicht an den VE. zu leisten hat und dieser Leistung an sich selbst nicht verlangen kann. Der VE. kann aber seine Forderung auf Leistung an den Dritten, in Schätzungswert umgerechnet (§ 2 Satz 2 VO.; § 69 KO.), im Vergleichsverfahren geltend machen.

Wenn dagegen der Vergleichsschuldner noch keine oder nicht vollständige Leistung empfangen hat, ohne selbst an den Dritten voll geleistet zu haben, so kann die Vertragserfüllung mit Ermächtigung abgelehnt werden. Die Ablehnung kann nach § 28 VO. „jeder Vertragsteil" vornehmen. Der Dritte ist nun nicht Partei, sondern Zuwendungsempfänger. Da auch sonst dem Dritten ein Einwirkungsrecht auf den der Leistung an ihn zugrundeliegenden Vertrag nicht gegeben wird, so ist das Ablehnungsrecht auf die Vertragsparteien selbst zu beschränken; selbst wenn das Recht des Dritten unmittelbar mit Vertragsschluß entstanden ist, kann es hier entgegen der allgemeinen Regel durch inhaltliche Veränderung des Vertrags beeinträchtigt werden, denn der Dritte nimmt gegenüber den anderen Vergleichsgläubigern keine Sonderstellung ein, und es würde der ratio legis widersprechen, sollte der Vergleichsschuldner weiterhin an die Erfüllung gebunden sein. Dem Dritten kann indes der Schadensersatzanspruch des § 30 VO. nicht versagt werden. Zwar kann „der Vertragsgegner des Schuldners" den Schadensersatz fordern, doch soll nach dem Grundgedanken des Gesetzes der Gegner, dem durch die Ablehnung ein Schaden entstanden ist, durch den gesetzlichen Ersatzanspruch einen Ausgleich finden, den das BGB. nicht in jedem Falle bieten würde. Der Schaden ist aber nicht dem VE., sondern dem Dritten entstanden, der seinen Erfüllungsanspruch verliert. Es erscheint also nur billig, den Dritten bezüglich des ihm entstandenen Rechtsnachteils zu entschädigen und den Schadensersatz an die Stelle der Erfüllungsansprüche des Vergleichsschuldners und des Dritten treten zu lassen, nicht aber an die Stelle der Erfüllungsansprüche des Vergleichsschuldners und des VE. Im Hinblick auf § 335 BGB. ist aber zu beachten, daß auch der VE. einen Schaden erleiden kann, der darin besteht, daß er bereits etwas an den Vergleichsschuldner geleistet hat, oder daß die Leistung an den Dritten unterbleibt. Im ersteren Falle ist ein Bereicherungsanspruch gegen den Vergleichsschuldner zwar ausgeschlossen[1], doch ist bei der Berechnung des Schadens des Dritten naturgemäß auf das Rücksicht zu nehmen, was der VE. bereits geleistet hatte. Nicht ausgeschlossen ist auch, daß der VE. selbst den ihm entstandenen Schaden im Vergleichsverfahren geltend macht.

---

[1] Vgl. oben § 13 zu 3.

Wenn freilich nach dem Parteiwillen die Forderung des Dritten zur Zeit der Ablehnung noch nicht entstanden ist, so steht der Ersatzanspruch nur dem VE. zu.

Für den besonders häufigen Anwendungsfall eines Vertrags zugunsten Dritter, der Versicherung zugunsten eines Dritten, kommen diese Ausführungen nicht in Betracht (§ 94 VO.).

Die Eröffnung des Vergleichsverfahrens über den VE. berührt zunächst die Verpflichtungen der Parteien aus dem gegenseitigen Vertrage nicht (§ 4 VO.). Kommt es zur Erfüllungsablehnung ohne daß der Dritte bereits ein Forderungsrecht erlangt hatte, so kann der Versprechende Schadensersatz verlangen. Der Dritte geht aber auch dann leer aus, wenn er zur Zeit der Ablehnung bereits ein Forderungsrecht besaß, denn er hat gegen den Vergleichsschuldner selbst keinen Erfüllungsanspruch aus dem gegenseitigen Vertrage. Das Recht auf Schadensersatz steht auch in diesem Falle nur dem Versprechenden zu. Mit der Ablehnung erlischt die Leistungsverpflichtung des Versprechenden an den Dritten.

§ 16. Wirkungen im Anschlußkonkurs.

In den Fällen, in denen das Vergleichsgericht über die Eröffnung des Konkursverfahrens zu entscheiden hat (§§ 24, 71, 80 VO.), entsteht die Frage, was aus den Einwirkungen des Vergleichsverfahrens auf schwebende gegenseitige Verträge im Anschlußkonkurs wird. Der Fall des § 24 VO. scheidet zunächst für die Betrachtung aus, da hier mangels Eröffnung des Vergleichsverfahrens irgendwelche Einwirkungen auf schwebende Verträge noch nicht vorliegen können. Die VO., die in den § 82ff. besondere Vorschriften über den Anschlußkonkurs gibt, schweigt zu der gestellten Frage. Die Beantwortung muß daher nach allgemeinen Gesichtspunkten getroffen werden.

Wenn die Parteien innerhalb der Zweiwochenfrist, also regelmäßig vor dem Vergleichstermin, in dem der Vergleich nach § 71 VO. verworfen werden kann, beim Vertrage stehengeblieben sind, so ist doch der Konkursverwalter nicht gehindert, seinerseits die Vertragserfüllung abzulehnen. Denn der Vergleichsschuldner hat durch die Nichtausübung seiner Ablehnungsbefugnis diese nicht etwa derart für dauernd verwirkt, daß der Konkursverwalter sie nicht mehr ausüben könnte. Mit der Konkurseröffnung wird vielmehr eine neue, von wesentlich anderen Gesichtspunkten getragene Abwicklungsmöglichkeit geschaffen, die durch die verpaßte Ablehnungsmöglichkeit im vorangegangenen Vergleichsverfahren nicht berührt wird. Aufträge und Geschäftsbesorgungsverträge, deren Bestand durch das Vergleichsverfahren nicht berührt wurde, erlöschen mit der Konkurseröffnung über das Vermögen des Geschäftsherrn (§ 23 KO.).

War dagegen die Erfüllungsablehnung im Vergleichsverfahren bereits erklärt worden, und hatte daher der Vergleichsgläubiger eine Schadensersatzforderung erlangt, so ist diese nicht auflösend bedingt durch die Nichtverwerfung des Vergleichs oder die Nichteinstellung des Verfahrens. Die Erfüllungsansprüche aus dem gegenseitigen Vertrage sind vielmehr endgültig fortgefallen, auch wenn es später nicht zum Vergleich kommt. Der Konkursverwalter ist daher an die im Laufe des Vergleichsverfahrens entstandene Rechtslage gebunden: er kann die Erfüllung nicht mehr verlangen. Der Schadensersatzanspruch des Gläubigers bleibt trotz der Eröffnung des Anschlußkonkurses demgemäß bestehen und nimmt als Konkursforderung am Verfahren teil, denn der Gläubiger hat zur Zeit der Eröffnung des Konkurses, die erst mit der Rechtskraft des Aufhebungs- bzw. Einstellungsbeschlusses des Vergleichsgerichts wirksam wird (§ 71 Abs. 2, § 80 Abs. 2 VO.), einen infolge der Vertragsablehnung begründeten Vermögensanspruch gegen den Konkursschuldner (§ 3 Abs. 1 KO.). Der Schadensersatzanspruch nimmt in voller Höhe am Verfahren teil, da er im Vergleichsverfahren noch nicht auf die Vergleichsquote reduziert worden ist — die Entscheidung über den Anschlußkonkurs erfolgt stets vor der Vergleichsbestätigung.

Damit sind die Erörterungen über allgemeine Einwirkungen des Vergleichsverfahrens auf gegenseitige Verträge abgeschlossen. Der Behandlung typischer gegenseitiger Verträge geht noch die Einwirkung auf den einseitigen Vertrag voraus.

C. Der einseitig verpflichtende Vertrag.

§ 17.

Besondere Vorschriften über die Einwirkung des Vergleichsverfahrens auf einseitige unerfüllte Verträge gibt die VO. nicht. § 4 VO. findet keine, auch nicht entsprechende Anwendung. Die Vergleichseröffnung übt auf den Bestand eines solchen Vertrags selbst keinen Einfluß aus. Ist der Verpflichtete der Vergleichsschuldner, der noch zu leisten hat, so hat der Vertragsgegner eine am Verfahren teilnehmende und vom Vergleich betroffene Erfüllungsforderung (§ 2 VO.), während der Vergleichsschuldner seine etwaige Gegenforderung voll verlangen kann. Unberührt bleiben die Vorschriften des BGB. über den Rücktritt und Schadensersatz wegen Nichterfüllung (§§ 279, 286 BGB.). Jeder bürgerlich-rechtliche Schadensersatzanspruch nimmt wie der Erfüllungsanspruch, an dessen Stelle er tritt, am Verfahren teil und wird vom Vergleich betroffen.

Ein wesentlicher Unterschied zum Konkurs ist zu beachten: kommt ein Auftraggeber ins Vergleichsverfahren, so erlischt das Auftragsverhältnis mit der Vergleichseröffnung nicht ipso iure (vgl. § 23 Abs. 1 KO.), da der Vergleichsschuldner, der im allgemeinen verwaltungs- und verfügungsberechtigt bleibt, im Interesse seiner Sanierung in den von ihm eingegangenen Berechtigungen und Verpflichtungen nicht beschränkt werden soll. Dem steht aber nicht im Wege, daß der Vergleichsschuldner den Auftrag widerruft (§ 671 Abs. 1 BGB.) oder der Beauftragte den Vertrag unter Rücksichtnahme darauf, daß der Vergleichsschuldner für die Besorgung des Geschäfts anderweitig Fürsorge treffen kann, kündigt (§ 671 Abs. 2 BGB.). Dem Beauftragten das Recht zur vorzeitigen Kündigung aus wichtigem Grunde zu geben, liegt kein Anlaß vor, denn er bekommt weder im Falle der angemessenen, noch im Falle der unzeitigen Kündigung einen gesetzlichen Schadensersatzanspruch. Der Vorteil der alsbaldigen Lösung vom Auftragsverhältnis wird aber in der Regel dem Nachteil des Schuldners, der durch die unzeitige Kündigung entstehen kann, nachstehen müssen.

Dritter Teil.

Einwirkung des Vergleichsverfahrens auf typische Verträge.

A. Die in der VO. geregelten typischen Verträge.

Nach dem Vorbild der KO. und der G-AV. enthält auch die VO. im Anschluß an die Vorschriften über die Einwirkung des Vergleichsverfahrens auf schwebende gegenseitige Verträge im allgemeinen eine Reihe von Sondervorschriften über besonders häufige Vertragstypen. Abgesehen vom Geschäftsbesorgungsvertrag und dem Fixgeschäft (§ 23 Abs. 1; § 18 KO.) stellt die VO. für die gleichen Verträge wie die KO. die allgemeine Regel des § 28 VO. durchbrechende Vorschriften auf, nämlich für den Mietvertrag, Pachtvertrag und Dienstvertrag. Während andere wichtige gegenseitige Verträge für den Fall des Konkurses einer Partei in Spezialgesetzen ihre Regelung gefunden haben[1], finden auf diese Verträge im Vergleichsverfahren einer Partei die §§ 4,

[1] So für den Verlagsvertrag § 36 des VerlGes. (19. Juni 1901), für den Versicherungsvertrag Ges. üb. die priv. Vers.-Untern. §§ 68, 69 (12. Mai 1901) und VersVertrGes. §§ 13, 14 (30. Mai 1908) sowie HGB. § 898; für den Gesellschaftsvertrag § 728 BGB. u. a.

28, 30 VO. Anwendung. Das Anwendungsgebiet dieser Vorschriften ist demnach ein wesentlich weiteres als das von § 17 KO.: unter §§ 4, 28, 30 VO. fallen sämtliche gegenseitigen Verträge des BGB. und der Spezialgesetze sowie solche atypischer Natur, außer dem Miet-, Pacht- und Dienstvertrag. Letztere drei Vertragstypen unterstehen einer ähnlichen Behandlung wie in der KO. und der G-AV.: sie können vorzeitig gekündigt werden.

§ 18. Der Mietvertrag.

1. Miete ist Überlassung einer Sache an einen Dritten zum Gebrauch gegen Entgelt. Gegenstand der Miete können Mobilien, Grundstücke und Wohnräume sein (§§ 535, 580 BGB.).

Das Konkursrecht kennt eine außerordentliche Kündigung der Miete unter Einhaltung der gesetzlichen Frist, sofern nichts anderes vereinbart ist. Je nachdem, ob der Vertragsgegenstand dem Mieter zur Zeit der Konkurseröffnung bereits überlassen war oder nicht, wird jeweils für den Konkurs des Vermieters und den des Mieters eine Sonderregelung für die vorzeitige Vertragsabwicklung getroffen (§§ 19—21 KO.)[1]. Die VO. schreibt ebenfalls eine verschiedene Abwicklung der Mietverträge vor, je nachdem, ob die Mietsache vor der Eröffnung dem Mieter überlassen ist oder nicht, beschränkt aber diese Unterscheidung auf das Vergleichsverfahren des Mieters (§ 29 Abs. 2 VO.). Es ist also zunächst der Begriff „Überlassen" zu bestimmen.

„Überlassen" in § 29 VO. hat offenbar die gleiche Bedeutung wie in KO. §§ 19—21[2] und in BGB. § 536 u. a., steht also im Gegensatz zum „Gewähren" (§ 535 S. 1 BGB.). Überlassen ist der Beginn des Gewährens, setzt also ein positives Handeln voraus, während Gewähren eine Unterlassung darstellt, nämlich die Nichthinderung am Gebrauch. Überlassen ist übergeben, aber nicht nur dies. Die Mietsache kann selbst ohne Übertragung des mittelbaren Besitzes überlassen sein, da „Überlassen" der weitere Begriff ist und mit der dem Mieter bekannten tatsächlichen Bereitstellung zur Besitzergreifung und zum Gebrauch vollendet ist. Der Vermieter muß aber seinerseits alles getan haben, um dem Mieter die Ansichnahme zu ermöglichen. Im allgemeinen erfolgt die Überlassung von Mobilien durch Übergabe, von Immobilien durch Schlüsselaushändigung, von Rechten — was für die Pacht von Bedeutung ist — durch Gewährung der Möglichkeit, das Recht zu nutzen[3].

2. Die Kündigungsbefugnis der Parteien (§ 29 VO.) ist, abgesehen von der bei der Eröffnung erfolgten Überlassung des Mietgegenstandes,

[1] Die G-AV. vereinfachte diese Vorschriften, indem sie den Unterschied, ob die Mietsache zur Zeit der Anordnung der Geschäftsaufsicht dem Mieter überlassen war oder nicht, nicht hervorhob (§ 10 G-AV.).

[2] CAHN: G-AV., S. 112. [3] Vgl. auch JAEGER: KO. § 19 Anm. 4.

von den weiteren Voraussetzungen des § 28 VO. abhängig. Der Mietvertrag darf insbesondere von keiner Partei vollständig erfüllt sein. Die Erfüllungspflicht des Vermieters besteht nun im Überlassen und Erhalten der Mietsache in einem zum vertragsmäßigen Gebrauch geeigneten Zustande (§ 536 BGB.) und im Gewähren der Mietsache während der Mietzeit (§ 535 BGB.). Daraus ergibt sich, daß der Mietvertrag vom Vermieter mit Rücksicht auf die bezeichneten andauernden Pflichten nicht vor Ablauf der Mietzeit erfüllt ist. Aber auch auf seiten des Mieters ist er nicht früher erfüllt, da der Mieter, selbst wenn er den Mietzins als Vorleistungspflichtiger für die gesamte Zeit im voraus bezahlt hat (§ 535 S. 2; § 551 BGB.), noch die Erhaltungs- und Rückgabepflicht hat (§ 556 BGB.).

Wenn man danach den Mietvertrag im Falle einer bestimmten Mietzeit und Entrichtung des Mietzinses am Anfang oder Ende dieser Zeit als einheitlichen Vertrag auffaßt, so können die Parteien bis zum Ablauf des Vertrags die Kündigungsbefugnis des § 29 VO. ausüben. Sobald jedoch die Mietzahlung nach Zeitabschnitten bemessen ist, wird man, gleichgültig, ob ein Ende für die Mietzeit schon bestimmt ist oder nicht, auch die Gebrauchsgewährung des Vermieters als stillschweigend nach den gleichen Zeiträumen zu erbringende vereinbart ansehen können. Die Vertragsabschnitte sind rechtlich selbständig[1] und erfüllt, wenn sämtliche Leistungen der Parteien, die innerhalb dieses Zeitraumes zu erbringen sind, bewirkt sind. Derjenige Vertragsabschnitt, der zur Zeit der Vergleichseröffnung abgelaufen ist, wird daher mindestens auf seiten des Vermieters in der Regel voll erfüllt sein. Man hat also zu unterscheiden: Die vor der Vergleichseröffnung zeitlich beendeten Abschnitte des Mietvertrags; der zur Zeit der Kündigung laufende, beiderseits noch nicht vollständig erfüllte Abschnitt; die folgenden Abschnitte bis zum Ablauf der Kündigungsfrist, die noch nicht erfüllt sind. Denkbar ist auch noch ein voller Abschnitt zwischen Eröffnung und Kündigung.

3. Das Vergleichsverfahren des Vermieters berührt die von ihm abgeschlossenen Mietverträge überhaupt nicht (§ 29 Abs. 1 VO.)[2]. Die für

[1] Im Abschluß des Mietvertrags wird zunächst der Plan auf Erfüllung der sich aus dem ersten Vertragsabschnitt ergebenden beiderseitigen Leistungspflichten gefaßt; sobald die Kündigungsmöglichkeit für den nächstfolgenden Abschnitt fortgefallen ist, setzen sich die bereits vereinbarten Leistungen der Parteien auch für den kommenden Abschnitt in erneute beiderseitige Leistungspflichten um, und so fort und fort, bis die Kündigung die Entstehung weiterer Leistungspflichten in späteren Vertragsabschnitten verhindert.

[2] § 29 Abs. 1 VO.: „Auf Miet- und Pachtverträge, bei denen der Schuldner der Vermieter oder der Verpächter ist, . . . finden die Vorschriften des § 28 keine Anwendung."

alle gegenseitigen Verträge bestehende Ablehnungsbefugnis beider Parteien ist hier ausgeschlossen; es bleibt also bei dem Grundsatz des § 4 VO.[1], was der konkursrechtlichen Regelung, wenigstens für den praktisch häufigsten Fall entspricht, daß die Mietsache vor der Konkurseröffnung dem Mieter überlassen war (§ 21 Abs. 1 KO.). Maßgebend hierfür ist, daß der dem Vergleichsschuldner zur freien Verfügung zufließende Mietzins die Durchführung des Vergleichs unterstützen soll[2]. Das im Konkurs bei Nichtüberlassung des Gegenstandes an den Mieter dem Verwalter zustehende Wahlrecht (§ 17 KO.) wurde in der G-AV. auch dann, wenn der Gegenstand überlassen war, vom Vermieter als Aufsichtsschuldner ausgeübt. Wenn die VO. unabhängig von der Überlassung ein Ablehnungsrecht der Parteien nicht vorsieht, so ergibt sich das mit Notwendigkeit auch für den Fall der Nichtüberlassung aus den Zielen des Vergleichsverfahrens.

Wenn nicht vertraglich die Vergleichseröffnung über eine Partei als Grund zur sofortigen Aufhebung des Mietverhältnisses oder zur Kündigung vereinbart ist, so besteht, abgesehen von den bürgerlich-rechtlichen Kündigungsgründen und denen des Mieterschutzgesetzes, keine Möglichkeit, den Vertrag vorzeitig zu beenden. Insbesondere ist auch dem Mieter ein fristloses Kündigungsrecht nicht schon bei Insolvenz des Vermieters gewährt.

Der Vermieter behält die Verfügungsbefugnis über den Mietzins. Ist eine Verfügungsbeschränkung nicht angeordnet, so kann der Vergleichsschuldner den Mietzins unbeschränkt einziehen, ohne daß diese Verfügung den Vergleichsgläubigern gegenüber unwirksam wäre. Insbesondere kennt die VO. auch nicht eine dem § 21 Abs. 2 KO. entsprechende Vorschrift, da mit der Vergleichseröffnung eine Vermögensbeschlagnahme nicht erfolgt.

4. a) Ist dem Mieter der Gegenstand überlassen worden, und kommt der Mieter dann ins Vergleichsverfahren, so hat jeder Vertragsteil mit der in § 29 Abs. 2 Ziff. 2 bezeichneten Ausnahme ein vorzeitiges Kündigungsrecht[3]. Es gilt auch hier der in § 28 VO. ausgedrückte Grundsatz, daß dem Gläubiger nicht zugemutet werden kann, das Vertragsverhältnis mit einem unsicheren Schuldner fortzusetzen, wenn dieser es will. In den weitaus häufigsten Fällen der Grundstücks- und Wohnungsmiete ist freilich das Kündigungsrecht des Vermieters ausgeschlossen, soweit

[1] Motive zu § 29 Abs. 1 VO.: „Es besteht kein Anlaß, die Rechtsstellung des Mieters oder Pächters deswegen zu beeinträchtigen, weil der Vermieter bzw. der Verpächter das Vergleichsverfahren beantragt hat."

[2] Motive a. a. O.: „Das Gesetz muß bestrebt sein, in die rechtlichen Beziehungen des Schuldners, der weiter wirtschaften soll, möglichst wenig einzugreifen."

[3] Vgl. KO. § 19. In der G-AV. hatte nur der Mieter ein Kündigungsrecht (§ 10).

die Mietsache dem Mieter bei der Eröffnung des Vergleichsverfahrens bereits überlassen ist[1], denn der Vermieter kann sich jederzeit eine wirksame Sicherung und Befriedigung durch das gesetzliche Pfandrecht am Eingebrachten des Mieters verschaffen, zumal er als damit nicht beteiligter Gläubiger dem Vollstreckungsverbot des § 32 VO. nicht untersteht. Er ist also genügend gesichert, wenn der Mieter den Vertrag weiter erfüllen will. Dem Vermieter bleiben aber die Kündigungsrechte des BGB. und des Mieterschutzgesetzes vorbehalten.[2]

b) Ist dem Mieter der Gegenstand zur Zeit der Eröffnung des Vergleichsverfahrens über ihn noch nicht überlassen, so verbleibt es mangels besonderer gesetzlicher Regelung, sofern nicht weiterhin Erfüllung nach § 4 VO. gewählt wird, beim beiderseitigen Ablehnungsrecht nach § 28 VO.[3]. Dies gilt auch für die Miete von Grundstücken und Räumen, denn § 29 Abs. 2 Ziff. 2 trifft nur für den Fall der Überlassung eine Sonderregelung. Die Rechtslage ist also eine andere als im Konkurs[4], wo der Vermieter nur ein Rücktrittsrecht hat, die Befugnis zur Ablehnung der Erfüllung aber nur unter den Voraussetzungen des § 20 Abs. 2 KO. Eine Kündigung mit gesetzlicher Frist, wie sie die G-AV. vorschrieb (§ 10 Abs. 1), hat die VO. mit Recht nicht vorgesehen, da ohne Überlassung eine sofortige Vertragsbeendigung jederzeit möglich ist.

c) In welcher Form kann nun der Vermieter seine Mietzinsansprüche geltend machen, sei es, daß der Vertrag mit gerichtlicher Ermächtigung abgelehnt, sei es, daß er gekündigt ist?

Nach § 2 VO. sind diejenigen Gläubiger am Verfahren nicht beteiligt und werden vom Vergleich nicht betroffen, die im Falle des Konkurses als bevorrechtigte Gläubiger anzusehen sind. Zu den privilegierten Konkursgläubigern gehören auch die Absonderungsberechtigten. Abgesonderte Befriedigung wegen ihrer Pfandforderung können nach § 48 KO. alle Gläubiger verlangen, die an einem zur Masse gehörigen Gegenstand ein durch Rechtsgeschäft bestelltes Pfandrecht haben; ihnen gleichgestellt sind die Gläubiger mit gesetzlichem Pfandrecht (§ 49 Ziff. 2 KO.). Danach kann sich also der Vermieter eines Grundstücks oder von Wohnräumen bzw. anderer Räume infolge seines gesetzlichen Pfandrechts für seine Forderung aus dem Mietvertrag abgeson-

---

[1] § 29 Abs. 2 Ziff. 2 VO.: „Bei Mietverträgen über Grundstücke oder Räume kann nur der Schuldner gemäß Ziff. 1 kündigen."

[2] Durch § 29 Abs. 2 Ziff. 2 ist ein Widerspruch mit dem Mieterschutzgesetz — F. vom 17. Februar 1928; RGBl. I, 25 — ausgeschlossen. Denn hätte die VO. auch dem Vermieter ein außerordentliches Kündigungsrecht gewährt, so wäre eine dem § 26 Mieterschutzges. entsprechende Vorschrift für diese Kündigung erforderlich gewesen. Vgl. hierzu Kiesow: § 29 II b.

[3] Salomon: VO. § 29 Anm. 3.

[4] Anders: Motive zu § 29 Abs. 3 VO.

derte Befriedigung verschaffen (§§ 559, 580 BGB.), für die Forderung des Mietzinses im besonderen aber nur für das letzte Jahr vor der Konkurseröffnung (§ 49 Ziff. 2 KO.). Nur in diesem Umfang nimmt also ein Vermieter eines Grundstücks, Wohnraumes oder anderen Raumes am Vergleichsverfahren des Mieters nicht teil und wird vom Vergleich nicht betroffen. Hat der Vermieter noch eine aus der Zeit vor dem letzten Jahre vor der Eröffnung fällig gewordene Mietforderung, so nimmt er mit dieser am Verfahren teil und wird vom Vergleich betroffen. Für die Mietzinsforderung für den zur Zeit der Kündigung laufenden Vertragsabschnitt besteht ebenfalls ein Absonderungsrecht des Vermieters, das sich unter Umständen auch noch auf den folgenden Vertragsabschnitt erstreckt, wenn die Kündigungsfrist erst in diesem abläuft. Reicht freilich das gesetzliche Pfandrecht zur Befriedigung der am Verfahren nicht teilnehmenden Mietzinsforderungen nicht aus, so muß der Vermieter mit der Ausfallforderung am Verfahren teilnehmen. Für alle anderen Ansprüche aus dem Mietvertrage — wie Ersatzansprüche wegen Verschlechterung der Mietsache — besteht dagegen für die Vergangenheit ein unbeschränktes Absonderungsrecht (§ 49 Ziff. 2 KO.). Der Vermieter von Mobilien nimmt mit sämtlichen Ansprüchen aus der Vergangenheit am Verfahren teil. Für Ansprüche dagegen, die zwischen der Vergleichseröffnung und dem Vertragsablauf entstehen, kann jeder Vermieter als sog. Neugläubiger volle Befriedigung verlangen.

5. Eine weitere Frage ist, wie der dem Vermieter nach § 30 VO. zustehende Schadensersatzanspruch zu behandeln ist.

Dieser Anspruch entsteht zunächst nur dann, wenn der Vertrag mit gerichtlicher Ermächtigung abgelehnt oder gekündigt worden ist[1]. Die Vertragsabwicklung hat aber im wesentlichen nur dann Bedeutung, wenn der Vertrag auf bestimmte Zeit eingegangen, oder das Kündigungsrecht der Parteien auf bestimmte Zeit ausgeschlossen ist. Während eine vorzeitige Kündigung in solchen Fällen nur beim Vorliegen der besonderen Kündigungsgründe des bürgerlichen Rechts in Frage kommt, schafft die Tatsache der Vergleichseröffnung in Verbindung mit dem Vorliegen der Voraussetzungen für die Ermächtigungserteilung eine besondere Möglichkeit, entgegen den ursprünglichen Parteivereinbarungen vorzeitig zu kündigen. Jeder auf unbestimmte Zeit eingegangene Mietvertrag kann dagegen ohnehin mit gesetzlicher Frist auch ohne

---

[1] Dem Vermieter steht als Vergleichsgläubiger also in allen Fällen dem Grunde nach ein Ersatzanspruch zu. Im Konkurs fehlt der Ersatzanspruch, wenn der Vermieter einen Vertrag kündigt, und die Mietsache bereits überlassen war (§ 19 S. 3 KO.). Die nunmehrige Regelung hält JAEGER (KO. § 19 Anm. 19) für nicht unbedenklich. Die Schadensersatzpflicht des Mieters ist indes in Anpassung an bürgerlich-rechtliche Vorschriften (vgl. oben § 13 zu 1) rechtspolitisch gerechtfertigt.

gerichtliche Ermächtigung gekündigt werden; bei diesen Verträgen entsteht dem Vermieter im allgemeinen kein Schaden durch die mit oder ohne Ermächtigung erklärte Kündigung, denn er mußte zu jedem Kündigungstermin unabhängig vom Vergleichsverfahren die Kündigung des Gegners erwarten. Kann er freilich beweisen, daß der Mieter bei Nichteröffnung des Vergleichsverfahrens noch nicht gekündigt hätte, so kann er den ihm durch die vorzeitige Kündigung entstandenen Schaden geltend machen. Bei Mietverträgen dagegen, die auf bestimmte Zeit eingegangen sind, oder auf unbestimmte Zeit, aber unter Ausschluß des beiderseitigen Kündigungsrechts bis zu einem vereinbarten Zeitpunkt, wird dem Vermieter regelmäßig ein Schaden entstehen, der darin besteht, daß der Gegenstand nicht oder nur zu geringerem Zins während der restlichen Mietzeit vermietet werden kann[1]. Mit diesem Schadensersatzanspruch ist der Vermieter am Vergleichsverfahren beteiligt. Die Geltendmachung des gesetzlichen Pfandrechts für diesen Ersatzanspruch wird aber durch § 29 Abs. 2 Ziff. 3 VO. ausgeschlossen[2]. Diese Vorschrift (vgl. auch § 49 Ziff. 2 KO.; § 10 Abs. 2 S. 2 G-AV.) folgt noch nicht aus § 559 BGB., denn künftige Entschädigungsforderungen sind dem Grunde nach noch nicht entstandene Forderungen; da dies für den Schadensersatzanspruch nicht zutrifft, würde sich das Pfandrecht auf diesen erstrecken, wodurch die Beteiligung des Gläubigers am Verfahren verhindert werden würde.

Danach ergibt sich:

I. Mietzinsansprüche aus früherer Zeit als ein Jahr vor der Vergleichseröffnung nehmen am Verfahren teil und werden vom Vergleich betroffen.

II. Mietzinsansprüche, für die ein Absonderungsrecht besteht, und solche, die von der Vergleichseröffnung an bis zum Ablauf der Kündigungsfrist entstehen, nehmen am Verfahren nicht teil.

III. Der Schadensersatzanspruch wegen Nichterfüllung für die restliche Vertragszeit nimmt unter Ausschluß des gesetzlichen Pfandrechts am Verfahren teil.

6. Nach § 29 Abs. 2 Ziff. 1 VO. kann der Vertrag mit gesetzlicher Frist gekündigt werden. Können nun die Parteien eine längere als die gesetzliche Frist wählen, wenn sie vertraglich vereinbart ist? Nach dem Zwecke des Gesetzes ist dies zu verneinen. Denn eine der hauptsächlichen Voraussetzungen für die vorzeitige Beendigung des Mietvertrags ist, daß die weitere Erfüllung für den Vergleichsschuldner eine die Durch-

---

[1] BENDIX: G-AV., S. 48. — CAHN: G-AV., S. 114. — RG. in LZ. 1912, 235.

[2] § 29 Abs. 2 Ziff. 3 VO.: „Wird ein Miet- oder Pachtvertrag . . . vorzeitig gekündigt, so kann das dem Vermieter . . . zustehende Pfandrecht für einen infolge der vorzeitigen Beendigung des Vertrags erwachsenden Schadensersatzanspruch nicht geltend gemacht werden."

führbarkeit des Vergleichsvorschlags gefährdende Belastung ist. Es würde dem widersprechen, wenn der Vergleichsschuldner über den ohnehin unter Umständen langen Zeitraum der gesetzlichen Kündigungsfrist hinaus an die Erfüllung seiner Verpflichtungen gebunden wäre. Daher ist anzunehmen, daß eine mit einer längeren als der gesetzlichen Kündigungsfrist erklärte Kündigung nur die Wirkung einer Kündigung unter gesetzlicher Frist hat. Andrerseits kann natürlich jede Partei die Kündigung mit einer vertraglichen kürzeren als der gesetzlichen Frist erklären, ja sogar fristlos kündigen, wenn jederzeitige Aufhebung des Mietvertrags vereinbart war[1]. Denn dadurch wird der Vergleichsschuldner noch früher als vom Gesetz vorgesehen von seiner Erfüllungspflicht befreit, und die Durchführbarkeit des Vergleichsvorschlags damit gefördert. Die VO. hat dies zwar anders als die KO. (§ 19) und die G-AV. (§ 10) nicht zum Ausdruck gebracht. Aus dem Schweigen der VO. ist aber aus den angeführten Gründen nicht zu schließen, daß der Gesetzgeber unter Abkehr vom bisherigen Rechtszustand die Kündigung unter einer kürzeren als der gesetzlichen Frist ausschließen will[2].

Die gesetzlichen Kündigungsfristen sind im BGB. geregelt[3].

7. Für die Untermiete ergibt sich aus § 29 VO.: Hat A eine Sache an B vermietet und überlassen, und B dieselbe Sache an C weitervermietet und überlassen, so ist die Rechtslage, je nachdem welche Partei im Vergleichsverfahren ist, folgende: B sei Vergleichsschuldner; er ist Mieter im Verhältnis zu A, Vermieter im Verhältnis zu C. A und B können den Mietvertrag nach § 29 Abs. 2 VO. oder den Vorschriften des BGB. kündigen, abgesehen von dem Fall der Miete von Grundstücken usw., in dem nur B dem A gegenüber vorzeitig kündigen könnte. Nach

---

[1] RG. CXV, 274. — JAEGER: KO. § 19 Anm. 10. — SALOMON: VO. § 29 Anm. 3. — STRITZKE: K. u. T. 1927, 136. — SAMOLEWITZ: § 29 Anm. 4.

[2] Über das Verhältnis von gesetzlicher und vertraglicher Kündigungsfrist siehe des weiteren auch KIESOW: § 29 A II 2 a δ.

[3] Bei der Miete von Grundstücken, Wohnräumen und anderen Räumen richtet sich die Frist nach dem Zeitabschnitt, nach welchem der Mietzins berechnet wird. Ist dieser nicht nach Monaten, Wochen oder Tagen bemessen, so ist nur eine Kündigung zum Vierteljahrsschluß zulässig (§ 565 Abs. 1, 3, § 580 BGB.). Für die Miete von Mobilien gilt § 565 Abs. 2 BGB. Diese Vorschriften finden in vollem Umfange nur für die ordentliche Kündigung Anwendung. In allen Fällen, in denen innerhalb oder außerhalb des BGB. die Möglichkeit gewährt wird, ein Mietverhältnis unter Einhaltung der gesetzlichen Frist vorzeitig zu kündigen — hierher gehört auch das Kündigungsrecht nach § 19 KO. und § 29 VO. —, ist für die Miete von Grundstücken usw. stets nur eine Kündigung zum Vierteljahrsschluß zulässig. Bei der Miete von Mobilien verbleibt es dagegen bei der angegebenen Kündigungsfrist (§ 565 Abs. 4 BGB.).

dem Ablauf der Kündigungsfrist kann A Rückgabe der Mietsache verlangen (§ 556 Abs. 1 BGB.). Da C im unmittelbaren Besitz ist, kann A die Sache auch von C zurückfordern (§ 556 Abs. 3; § 986 BGB.). Mit der Rückgabe der Sache durch C an A oder B wird freilich der Untermietvertrag noch nicht beendet, denn C hat weiterhin einen Erfüllungsanspruch gegen B, der sich aber infolge nachträglicher Unmöglichkeit der Leistung des B oder wegen Verzugs des B in einen Schadensersatzanspruch des C verwandeln kann (§§ 325, 326 BGB.), denn diese Umstände hat B auch dann zu vertreten, wenn A gekündigt hat, weil die in seiner Person eingetretene Vermögensverschlechterung den A zur Kündigung veranlaßt hat. Mit diesem Ersatzanspruch nimmt C am Vergleichsverfahren des B als Neugläubiger nicht teil. Für C besteht keine Möglichkeit, vom Untermietvertrag vorzeitig loszukommen, wie auch B dem C gegenüber den Vertrag nicht kündigen kann (§ 29 Abs. 1 VO.). Andrerseits kann A nur seinem Vertragsgegner B kündigen, nicht dem C; nur gegen B richtet sich auch der Schadensersatzanspruch des A.

Wenn B die ihm von A vor der Eröffnung überlassene Mietsache dem C noch nicht überlassen hat, so gilt das gleiche. Ist endlich A noch im Besitz der Mietsache, so können A und B die Erfüllung ablehnen; nur A hat gegen B einen Ersatzanspruch.

Im Vergleichsverfahren des A kann der Mietvertrag nicht vorzeitig aufgehoben werden; der Untermietvertrag bleibt daher vom Vergleichsverfahren des A unberührt.

C kann als Vergleichsschuldner, je nachdem ob ihm die Sache überlassen ist oder nicht, dem B gegenüber den Untermietvertrag kündigen oder ablehnen (§ 29 Abs. 2, § 28 VO.). Das gleiche Recht hat B mit der Ausnahme der Grundstücksmiete. Der Mietvertrag wird durch das Vergleichsverfahren nicht berührt.

8. Besonderheiten bietet endlich die oben im § 12 behandelte gleichzeitige Insolvenz der Parteien im Mietrecht.

a) Sind beide Parteien im Vergleichsverfahren, und ist der Mietgegenstand dem Mieter zur Zeit der Vergleichseröffnung über ihn überlassen, so können die Vergleichsschuldner entgegen der sonstigen Regel des § 29 Abs. 1 VO. den Vertrag vorzeitig kündigen, da das Vergleichsverfahren des Mieters hierzu die Hand bietet. Ist der Gegenstand noch nicht überlassen, so kann die Erfüllung abgelehnt werden[1].

b) Ist der Mieter im Vergleichsverfahren und der Vermieter Gemeinschuldner und die Sache dem Mieter bei der Vergleichseröffnung überlassen, so bleibt nach § 21 KO. der Mietvertrag der Konkursmasse gegenüber wirksam. Andrerseits hat aber der Vermieter, wenigstens

[1] Mayer: VO. § 29 Anm. 8.

bei der Miete von Mobilien, ein vorzeitiges Kündigungsrecht nach § 29 Abs. 2 VO. Soll diese Befugnis durch § 21 KO. ausgeschlossen sein? Soll auch der Mieter an die Erfüllung gebunden sein? § 29 VO. ist lex posterior und Ausnahmegesetz zu § 21 KO. Der Zweck des Vergleichsverfahrens erfordert eine vorzeitige Vertragsauflösung, der Konkurszweck wird aber durch eine Kündigung entgegen § 21 KO. nicht gefährdet, denn der Mieter hat als Vergleichsschuldner keinen Schadensersatzanspruch gegen die Masse, diese vielmehr einen am Vergleichsverfahren teilnehmenden Ersatzanspruch gegen den Mieter. Wenn auch die Masse den ihr entstandenen Schaden beim Erlaßvergleich nur anteilsmäßig ersetzt erhält und gegenüber dem Erfüllungsanspruch einen Nachteil erleidet, so sind dies nur jeden Vergleichsgläubiger treffende Folgen. — Wenn die Mietsache noch nicht überlassen war, so kann der Verwalter die Erfüllung konkursmäßig oder mit Ermächtigung des Vergleichsgerichts ablehnen.

c) Ist der Mieter Gemeinschuldner und der Vermieter Vergleichsschuldner, so haben der Verwalter und der Vermieter bei Überlassung der Sache ein vorzeitiges Kündigungsrecht nach § 19 KO. in Durchbrechung von § 29 Abs. 1 VO. Kündigt der Verwalter, so erhält der Vermieter einen am Konkursverfahren teilnehmenden Ersatzanspruch (§ 19 S. 3, § 26 S. 2 KO.). Der Vergleichsschuldner steht sich also ungünstig, noch ungünstiger aber, wenn die Mietsache noch nicht überlassen ist, und der Verwalter den Rücktritt erklärt (§ 20 KO.). Dann erhält der Vermieter, der nach § 29 Abs. 1 VO. an den Vertrag gebunden ist und außer der Aufforderung des § 17 Abs. 2 KO. keinen Rechtsbehelf hat, keinen Ersatz für den ihm entgangenen Gewinn.

§ 19. Der Pachtvertrag.

Pacht ist Überlassung einer Sache oder eines Rechts zum Gebrauch und zur Nutzung gegen Entgelt (§ 581 Abs. 1 BGB.). Die VO. hat nach dem Vorbild der KO. und G-AV. für Miete und Pacht nahezu inhaltsgleiche Vorschriften aufgestellt. Die Abweichungen ergeben sich aus § 29 Abs. 2 Ziff. 2 VO., dem BGB. und der KO.

Die Beschränkung des Kündigungsrechts bei der Miete von Grundstücken, Wohnräumen und anderen Räumen gilt nicht bei der Pacht (§ 29 Abs. 2 Ziff. 2 VO.), da der Verpächter dem Pächter nicht nur Räume überläßt, in denen der Pächter z. B. sein Gewerbe betreibt, sondern ihm die Fruchtziehung aus seinem Vermögen gestattet[1]. In Anbetracht dieser unmittelbaren für den Verpächter besonders mit Nachteilen bedrohten Einwirkung auf sein Vermögen soll hier die für den Vermieter von Grundstücken usw. nicht in Erwägung gezogene Unzumutbarkeit

[1] Motive zu § 29 Abs. 4 VO.

der Fortsetzung der Vertragserfüllung dem Verpächter die Möglichkeit der vorzeitigen Kündigung geben, wie es auch der Regelung in der KO. entspricht.

Eine bemerkenswerte Abweichung vom Mietrecht gilt für die Pacht eines landwirtschaftlichen Grundstücks. Während das gesetzliche Pfandrecht des Verpächters eines Grundstücks mit Inventar oder eines Landgutes sich inhaltlich vom Pfandrecht des Vermieters nicht unterscheidet (§ 581 Abs. 2 BGB.), und daher auch die Pachtzinsforderungen des Verpächters in gleicher Weise am Vergleichsverfahren des Pächters teilnehmen und nicht teilnehmen wie die Mietzinsforderungen, gilt für das Pfandrecht des Verpächters eines landwirtschaftlichen Grundstücks eine andere Regel: Das Pfandrecht kann für den gesamten Pachtzins geltend gemacht werden (§ 585 S. 1 BGB.). Da nun § 49 Ziff. 2 KO. die absonderungsberechtigte Pachtzinsforderung nicht auf das letzte Jahr beschränkt, so nimmt der Verpächter mit der gesamten Pachtzinsforderung als gegebenenfalls insoweit bevorrechtigter Konkursgläubiger am Vergleichsverfahren des Pächters nicht teil und wird vom Vergleich nicht betroffen. Der Verpächter kann sich also unbeschränkt an den seinem Pfandrecht unterworfenen Gegenständen befriedigen; reicht dies nicht zu seiner Befriedigung aus, so muß er mit der Restforderung als Gläubiger eines von ihm voll erfüllten Vertragsabschnittes am Verfahren teilnehmen. Desgleichen kann der Verpächter für den Pachtzins des laufenden und folgenden Vertragsabschnittes bis zum Ablauf der Kündigungsfrist abgesonderte Befriedigung verlangen. Wird der Pachtvertrag nicht gekündigt, so kann der Verpächter eines landwirtschaftlichen Grundstücks anders als der Vermieter auch für die zukünftigen Pachtzinsforderungen sein Pfandrecht unbeschränkt geltend machen. Nach § 29 Abs. 2 Ziff. 3 VO. kann er aber niemals für seine Schadensersatzforderung aus § 30 VO. abgesonderte Befriedigung verlangen.

Die gesetzlichen Kündigungsfristen sind bei Pachtverträgen über Immobilien von denen der Miete abweichend: Auch in Fällen vorzeitiger Kündigung unterliegen auf unbestimmte Dauer abgeschlossene Pachtverträge einer sechsmonatigen Kündigungsfrist zum Schluß des Pachtjahres (§ 595 BGB.).

Die in § 1 der Pachtschutzordnung in der Fassung vom 23. Juli 1925 — RGBl. I, 252 — vorgesehene landesrechtliche Regelung über Fortsetzung gekündigter Grundstückspachtverträge der dort bezeichneten Art ist ebenso wie im Konkurs auch gegenüber einer Kündigung nach § 29 VO. anwendbar, da ein Vorbehalt insoweit nicht gemacht ist. Ob man die Kündigungsbefugnis des Verpächters der im § 1 der Kleingarten- und Kleinpachtlandordnung vom 31. Juli 1919 — RGBl. 1371 — bezeichneten Grundstücke im Vergleichsverfahren des Pächters unter der

Annahme, daß hier ein wichtiger Grund im Sinne des § 3 Abs. 2 daselbst vorliegt, als gegeben ansieht, hängt davon ab, ob die Pachtzinszahlung in allen Fällen wesentlicher Vertragsinhalt ist. JAEGER[1] nimmt mit Recht an, daß der Zins hier oft unerheblich ist.

§ 20. Der Dienstvertrag.

1. Der Dienstvertrag ist der dritte Vertragstypus, bei dem mit Rücksicht darauf, daß ein Vergleichsverfahren über einen Dienstherrn nicht die Veranlassung dazu werden darf, die Arbeitnehmer durch Ablehnung der weiteren Erfüllung des Arbeitsvertrages seitens des Vergleichsschuldners mit sofortiger Wirkung zu entlassen, die Ablehnung durch eine Kündigung ersetzt ist. Die VO. beschränkt den Kreis der Dienstpflichtigen, für und gegen welche der Vertrag durch Kündigung vorzeitig aufgehoben werden kann, anders als die KO. und die G-AV. nicht. Während die KO. nur für ein im Haushalt, Wirtschaftsbetrieb oder Erwerbsgeschäft des Gemeinschuldners angetretenes Dienstverhältnis ein Kündigungsrecht kennt (§ 22 KO.), für jedes andere Dienstverhältnis es aber, ob angetreten oder nicht, bei der Regel des § 17 KO. beläßt, und während die G-AV. innerhalb desselben Kreises der Dienstpflichtigen das Kündigungsrecht im Aufsichtsverfahren des Dienstherrn nur diesem verlieh, bei allen anderen Dienstverträgen es aber bei der Ablehnungsbefugnis des Dienstherrn beließ, entfällt in der VO. die Beschränkung des Kündigungsrechts auf die in § 22 KO. bezeichneten Verträge: jeder Dienstvertrag im Sinne von § 611 BGB. kann im Vergleichsverfahren des Dienstherrn vorzeitig gekündigt werden, wobei es gleichgültig ist, ob die Dienste angetreten sind oder nicht[2]. Die Regelung in der VO. ist daher wesentlich vereinfacht.

Der in den Motiven zu § 22 KO. ausgesprochene Satz[3], daß es sich um Dienstverträge zur fortgesetzten Verrichtung gleichartiger Dienste handeln muß, und daher Verrichtung einzelner oder mehrerer in keinem gewollten Zusammenhang nebeneinander getätigter Dienstleistungen nicht hinreicht, gilt auch für § 29 VO.[4]. Die Anwendbarkeit von § 29 VO. freilich auf die abhängigen Arbeitsverträge zu beschränken — wie es NIPPERDAY[5] mit Recht für § 22 KO. vorschlägt —, liegt kein Anlaß vor, da die VO. eine dem § 23 Abs. 2 KO. entsprechende, namentlich

[1] JAEGER: KO. § 19 Anm. 2^b. — MENTZEL (KO. § 19 Anm. 5) hält den Konkurs des Pächters stets für einen wichtigen Grund, der zur Kündigung berechtigt. Im Vergleichsverfahren ist jedenfalls die Entscheidung lediglich auf die jeweilige Bedeutung des Pachtzinses abzustellen.

[2] SALOMON: VO. § 29 Anm. 4.

[3] HAHN-MUGDAN: Motive II, 83.

[4] Vgl. BENDIX: G-AV., S. 48. — CAHN: G-AV., S. 116.

[5] NIPPERDAY: JW. 1929, 1708.

für unabhängige Dienstverträge vorgesehene Vorschrift nicht kennt. Der Kündigung mit Ermächtigung des Gerichts unterliegen vor allem auf bestimmte Zeit eingegangene Dienstverträge oder solche von unbestimmter Dauer, bei denen aber die Kündigung vertraglich bis zu einem bestimmten Termin ausgeschlossen ist. Unter § 29 VO. fallen also alle Verträge mit höheren und niederen Diensten, so mit dem Gesinde, mit Hausangestellten, land- und forstwirtschaftlichem Personal, mit Gehilfen, Lehrlingen, gewerblichen Arbeitern, Gesellen, Privatbeamten und Angestellten jeder Art sowie Verträge mit Geschäftsbesorgung[1].

In Zweifelsfällen ist scharf zu scheiden, ob ein Dienst- oder ein Werkvertrag vorliegt, der dem § 28 VO. untersteht.

Für den Erfüllungsstatus gilt das für den Mietvertrag Gesagte entsprechend. Jeder zumeist durch die Bemessung der Vergütung bestimmte Vertragsabschnitt ist beiderseits erfüllt, wenn der Dienstverpflichtete die für diesen Zeitraum versprochenen Dienste erbracht hat, und der Dienstherr unter Leistung sämtlicher ihm durch die Anstellung erwachsenden Verpflichtungen seiner Erfüllungspflicht nachgekommen ist. Jeder Vertragsabschnitt ist in der Regel mit seinem Ablauf erfüllt und bleibt für das Vergleichsverfahren außer Betracht, da bis dahin der Dienstpflichtige Dienste zu leisten, und der Dienstherr Vorrichtungen zu stellen und Dienste anzunehmen hat.

2. Das Vergleichsverfahren über einen Dienstpflichtigen als den in der Regel wirtschaftlich schwachen Vertragsteil, der selten in umfangreichere Rechtsbeziehungen zu Dritten tritt, wird verhältnismäßig selten sein. Die VO. geht von dem zutreffenden Gedanken aus, daß der Dienstpflichtige nicht durch die Vergleichseröffnung seine Verdienstmöglichkeit im Interesse seiner Erhaltung verlieren soll, und schließt eine vorzeitige Abwicklungsmöglichkeit des Dienstvertrages aus (§ 29 Abs. 1 VO.). Ist danach der Vertrag unabhängig vom Vergleichsverfahren weiter zu erfüllen (§ 4 VO.), so ist doch nicht ausgeschlossen, daß er auf Grund andrer Vorschriften gekündigt werden kann. Ein Kündigungsrecht aus wichtigem Grunde (§ 626 BGB.; §§ 70, 72, 77 Abs. 2 HGB.; §§ 124^{a}, 133 GewO.) ist dem Dienstherrn aber nicht schon allgemein auf Grund der Vergleichseröffnung einzuräumen, da die Arbeitsleistung des Vergleichsschuldners von seiner Insolvenz nicht berührt wird[2]. Beim Vorliegen eines besonderen Vertrauensverhältnisses mag jedoch die Fortsetzung des Vertrages dem Dienstherrn nicht ohne ideelle Schädigung zugemutet werden können, so im Vergleichsverfahren eines Vorstandsmitgliedes einer A.-G.[3], des Geschäftsführers einer

[1] Über diese unten § 22.

[2] MAYER: VO. § 29 Anm. 36. — SAMOLEWITZ: VO. § 29 Anm. 11.

[3] Vgl. MENTZEL: KO. § 61 Anm. 3. — JAEGER: KO. § 61 Anm. 3. — Ein Konkursvorrecht (§ 61 Nr. 1 KO.) wird dem Vorstand übrigens nicht gewährt:

G. m. b. H., des Syndikus eines Verbandes. Die unter diesen besonderen Umständen zulässige fristlose Kündigung[1] verschafft dem Dienstherrn im Zweifel keinen Schadensersatzanspruch.

Bleibt es bei der Vertragserfüllung, so kann der Vergleichsschuldner im allgemeinen über seinen Lohnanspruch verfügen.

3. a) Ist der Dienstherr Vergleichsschuldner, so können beide Parteien unter Einhaltung der gesetzlichen Kündigungsfrist den Vertrag mit gerichtlicher Ermächtigung vorzeitig kündigen (§ 29 Abs. 2 VO.). Ist eine kürzere Frist vereinbart, so kann mit dieser gekündigt werden. Wenn besonders bei Dienstverträgen auf unbestimmte Dauer zu den jeweils nach § 621 BGB. bestimmten oder sonst vereinbarten Terminen gekündigt werden kann, so bedarf es hierzu nicht einer gerichtlichen Ermächtigung, da die Kündigung auch außerhalb des Vergleichsverfahrens jederzeit erfolgen könnte[2]. Eine Schadensersatzpflicht des Dienstherrn wird aber in der Regel nur bei einer Kündigung mit Ermächtigung begründet. Aus § 29 VO. folgt, daß die Vergleichseröffnung kein Grund zur fristlosen Kündigung nach dem BGB., HGB. und der GewO. ist, soweit dies nicht vereinbart ist, denn dadurch, daß durch den Ausschluß der Ablehnung das Erlöschen der Erfüllungsansprüche hinausgeschoben ist, spricht sich das Gesetz stillschweigend gegen die Zulässigkeit einer fristlosen Kündigung aus wichtigen Gründen aus[3].

b) Bei der Frage, inwieweit der Gläubiger mit dem Lohnanspruch am Verfahren beteiligt und vom Vergleich betroffen ist, ist § 61 Ziff. 1 KO. zu beachten. Im Rahmen dieser Bestimmung nehmen die Forderungen am Verfahren nicht teil (§ 2 VO.). Soweit andere vertragliche Forderungen oder die in § 61 KO. bezeichneten Ansprüche aus einer früheren Zeit als ein Jahr vor der Vergleichseröffnung vorhanden sind, oder wenn es sich überhaupt um Forderungen aus Dienstverträgen, die nicht im Haushalt, Wirtschaftsbetrieb oder Erwerbsgeschäft getätigt werden,

---

RG. in JW. 1928, 1561 (hierzu Jaeger: JW. 1928, 2714) = RG. CXX, 300; RG. in JW. 1928, 2619. Jaeger: KO. § 61 Anm. 14. Die Vorstandsmitglieder nehmen vielmehr als Organ der Körperschaft mit ihren Forderungen am Vergleichsverfahren der A.-G. teil. A. A.: Staub-Pinner: HGB. § 231 Anm. 34.

[1] Samolewitz: VO. § 29 Anm. 18.

[2] Kiesow: § 29 B II 7. — Cahn: VO., S. 194. — Mayer: VO. § 29 Anm. 36. — Fuchs: Blätter für Arbeitsrecht Jg. 6, Nr. 17; Zbl. f. Hr. 1927, 187. — Auerswald: NZfA. 1927, 2. — KfmG. Elberfeld in Gew.- u. KfmG. 1926, Nr. 79. Eine Ermächtigung fordern auch für vertragsmäßige Kündigung: Erdel in ArbR. 1927, 174; RAG. in JW. 1929, 1406 (hierzu Fuchs).

[3] Jaffa: S. 38. — A. A.: Samolewitz: VO. § 29 Anm. 18. — Erdel im „Arbeitsgericht" 1926, 286.

handelt, so sind dies Vergleichsforderungen. Sämtliche Forderungen aus allen Dienstverträgen, die von der Eröffnung des Verfahrens an bis zum Vertragsende entstehen, sind indes voll zu befriedigen[1].

c) Der Schaden des Dienstpflichtigen besteht im Ausfall des Verdienstes oder dessen Minderung während der ursprünglich vereinbarten Vertragsdauer. Bei der Schadensberechnung ist aber der Lohnbetrag anzurechnen, den der Gläubiger durch anderweitige Verwendung seiner Arbeitskraft erwirbt oder zu erwerben böswillig unterläßt[2], was sich als allgemeiner Grundsatz der Vorteilsausgleichung aus BGB. §§ 615, 616 ergibt und auch im Vergleichsrecht zu beachten ist. Anrechnungsfähig ist der tatsächliche Verdienst, aber auch Bezüge aus der Erwerbslosenfürsorge. Die Höhe des Schadens bemißt sich nach der vereinbarten Vergütung, zumeist dem Tarifvertrag.

d) Im Dienstvertragsrecht sind zahlreiche gesetzliche Fristen für die Kündigung zu beachten[3]. Soweit es sich um Angestellte handelt,

---

[1] Mit dem Schadensersatzanspruch wegen Nichterfüllung (§ 30 VO.) nimmt der Dienstpflichtige stets am Verfahren teil.

[2] Jaffa: a. a. O. — Samolewitz: VO. § 29 Anm. 15.

[3] Für alle Dienstverträge gelten, soweit Sondergesetze nicht Abweichungen enthalten, die Fristen des § 621 BGB. Für Angestellte mit festen Bezügen, die Dienste höherer Art leisten, und deren Erwerbstätigkeit dadurch hauptsächlich in Anspruch genommen wird, ist eine Kündigungsfrist von 6 Wochen zum Quartalsschluß vorgesehen (§ 622 BGB.). Ist eine Vergütung nach Zeitabschnitten nicht vereinbart, so können beide Parteien fristlos kündigen (§ 623 BGB.). Wird hierzu die Ermächtigung zwecks Erlangung eines Schadensersatzanspruchs eingeholt, so steht die Kündigung der Erfüllungsablehnung gleich; zu beachten ist aber die Ausnahme des § 623 Halbs. 2. Dienstverträge, die für die Lebenszeit eines Vertragsteils oder für längere Zeit als 5 Jahre eingegangen sind, können nach § 624 BGB. nur vom Dienstpflichtigen nach Ablauf von 5 Jahren unter Einhaltung einer Frist von 6 Monaten gekündigt werden. Diese Vorschrift, die im Interesse des wirtschaftlich von seinem Dienstherrn abhängigen Dienstverpflichteten nicht dispositiv ist (Enneccerus: § 368 A IV 2), wird im Vergleichsverfahren des Dienstherrn durchbrochen, da § 29 Abs. 2 VO. lex specialis ist. Es können daher beide Teile mit Ermächtigung des Gerichts mit Sechsmonatsfrist kündigen, auch wenn der Vertrag noch nicht 5 Jahre läuft. Der Gläubiger kann dann als Schadensersatzanspruch mindestens den Ausfall des Verdienstes unter Anrechnung seines etwaigen anderen Erwerbs für die Zeit bis zum Ablauf des fünften Vertragsjahres fordern. — Ein Dienstverhältnis zwischen einem Prinzipal und einem Handlungsgehilfen kann nur mit einer Frist von 6 Wochen zum Quartalsschluß gekündigt werden (§ 66 HGB.). Hat ein Vergleichsschuldner kaufmännische Lehrlinge zur Ausbildung, so kann der Lehrvertrag innerhalb des ersten Monats fristlos gekündigt werden, sonst nur bei wichtigem Grunde (§ 77 Abs. 2, 3 HGB.). Eine Kündigungsmöglichkeit nach dem Ablauf der Probezeit ist sonst vom Gesetz nicht vorgesehen, denn § 66 HGB. ist durch § 76 Abs. 1 HGB. nicht für Handlungslehrlinge für anwendbar erklärt. Als dem Sinn des § 29 VO. entsprechend kann

die länger als fünf Jahre bei einem Arbeitgeber oder dessen Rechtsvorgänger tätig sind, werden sämtliche Kündigungsfristen durch das Gesetz über die Kündigung von Angestellten[1] außer Kraft gesetzt. Für den Konkurs wird mit Recht angenommen, daß der Konkursverwalter den Angestellten nur unter Einhaltung der erweiterten Kündigungsfristen kündigen könne[2]. Für die VO. gilt edenfalls, daß sie als lex posterior die Fristen des KündSchG. respektiert, denn § 29 Abs. 2 Ziff. 1 „kann unter Einhaltung der gesetzlichen Frist gekündigt werden" ist nur dahin auszulegen, daß für die Feststellung der gesetzlichen Frist im Einzelfall die jeweils dies bestimmenden allgemeinen Gesetze maßgebend sind[3]. Allerdings hat nur der Vergleichsschuldner die Fristen des KündSchG. einzuhalten; die von den Angestellten einzuhaltenden Kündigungsfristen erleiden durch das KündSchG. keine Änderung.

4. Endlich ist noch das Verhältnis von § 29 VO. zu einzelnen Bestimmungen des Betriebsrätegesetzes, des Gesetzes über die Beschäftigung Schwerkriegsbeschädigter, der Verordnung über Betriebsstillegung und Arbeitsstreckung und des Gesetzes über die Beschäftigung vor und nach der Niederkunft zu prüfen.

a) § 84 des Betriebsrätegesetzes (4. Februar 1920 — RGBl. I, 147) gibt dem Arbeitnehmer im Falle der Kündigung des Arbeitgebers das Recht der Einspruchserhebung beim Arbeiter- und Angestelltenrat binnen fünf Tagen, von dessen Entscheidung die Wirksamkeit der Kündigung abhängt. Besteht nun dieses Einspruchsrecht auch dann, wenn den Arbeitnehmern mit gerichtlicher Ermächtigung gekündigt wird? Das Einspruchsrecht ist zunächst bei Entlassungen, die auf

---

nur eine fristlose Kündigung angesehen werden, wobei also die Eröffnung des Vergleichsverfahrens ebenso wie die des Konkurses (Jaeger: KO. § 22 Anm. 7 mit Literatur) als wichtiger Grund zur Beendigung des Lehrverhältnisses erscheint. So auch Samolewitz: VO. § 29 Anm. 17. — Gewerbliche Gesellen und Gehilfen unterstehen, wenn nicht der Einzel- oder Tarifvertrag etwas anderes bestimmt, einer Kündigungsfrist von 14 Tagen (§ 122 GewO.). Für gewerbliche Lehrlinge, die nach dem Ablauf der Probezeit nur unter den hier nicht in Betracht kommenden Voraussetzungen entlassen werden können (§ 127^{b} GewO.), gilt das für die kaufmännischen Lehrlinge Gesagte entsprechend. Für Betriebsbeamte, Werkmeister und Techniker besteht sechswöchentliche Kündigungsfrist zum Quartalsschluß (§ 133^{a} GewO.).

[1] Gesetz vom 9. Juni 1926 — RGBl. I,399.

[2] Hueck-Nipperday: ArbR. I, 276ff. — Baum: KündSchutzG. § 2 Anm. 2. — Osswald: DJZ. 1927, 466. — Mentzel: KO. § 22 Anm. 3. — RArbG. in JW. 1929, 1810 (ebenso Fr. Goldschmidt: ebenda). — LArbG. Koblenz in Bens. Sammlung I, Nr. 56. — LArbG. Nürnberg in JW. 1929, 1329. — ArbG. Berlin in JW. 1929, 2181. — A. A.: Adler: LZ. 1928, 1370. — Königsberger: JW. 1929, 2182. — Jaeger: KO. § 22 Anm. 23.

[3] Kiesow: § 29 B II 1. — Wandrey: K. u. T. 1927, 22. — A. A.: Samolewitz: VO. § 29 Anm. 13.

einer gesetzlichen oder tariflichen Verpflichtung beruhen, ausgeschlossen (§ 85 Ziff. 1 BRG.); hieraus läßt sich nicht folgern, daß der gekündigte Arbeitnehmer den Einspruch nicht erheben kann, da eine Kündigungs-*pflicht* nicht besteht, der Vergleichsschuldner vielmehr nach § 29 kündigen „kann". Das Recht des Einspruchs besteht ferner nicht bei Entlassungen, die durch gänzliche oder teilweise Stillegung des Betriebs erforderlich waren (§ 85 Ziff. 2 BRG.). Der Grund der Stillegung kann offenbar jeder Art sein, also auch Insolvenz des Arbeitgebers. Wenn diesen daher die Vergleichseröffnung zu einer völligen oder teilweisen Betriebsstillegung zwingt, so können die gekündigten Arbeitnehmer keinen Einspruch erheben, sofern die Kündigung mit gerichtlicher Ermächtigung erfolgt ist. Denn § 84 BRG. will einen gerechten Interessenausgleich herbeiführen: der die Belange des Arbeitnehmers vertretende Betriebsrat soll den zunächst vom Standpunkt des Arbeitgebers erforderlichen Kündigungsgrund prüfen. Diese regulär von zwei verschiedenen, in ihren Interessen einander entgegengesetzten Organen vorzunehmende Prüfung erfolgt bei der Kündigung mit gerichtlicher Ermächtigung einheitlich durch das Gericht, das bei der Kündigung wie bei der Ablehnung die Voraussetzungen des § 28 Abs. 2 VO. beachten soll. Es wäre daher, wie KIESOW ähnlich mit Recht betont, mit dem Zweck der durch die gerichtliche Ermächtigung mit einer gewissen Garantie der Notwendigkeit und Zweckmäßigkeit ausgestatteten Kündigung unvereinbar, wollte man dem Betriebsrat die Möglichkeit geben, die nach Prüfung der beiderseitigen Interessen vom Gericht getroffene Entscheidung einseitig zu revidieren. § 85 BRG. überläßt seinem Grundgedanken nach offenbar in Fällen einer besonderen Zwangslage die Entscheidung über die Wirksamkeit der Kündigung allein dem Arbeitgeber; ein solcher Fall liegt aber in der mit der Zahlungseinstellung im Hinblick auf die Durchführung des Vergleichs verbundenen Notwendigkeit, die Arbeitnehmer zu entlassen, zweifellos vor, so daß man den Ausschluß des Einspruchsrechts sogar in den Fällen annehmen muß, in denen der Vergleichsschuldner auch nicht einmal teilweise den Betrieb stillegen will, sondern mit der Kündigung nur eine Betriebseinschränkung bezweckt[1].

---

[1] CAHN: VO., S. 194. — STRITZKE: K. u. T. 1927, 147. — KIESOW: § 29 B II. — SAMOLEWITZ: VO. § 29 Anm. 13. — MAYER: VO. § 29 Anm. 37. — ERDEL: ArbR. 1927, 173; Gew.u.KfmGer. 1926, 267ff., 386. — KASKEL: Arbeitsrecht 3. Aufl., S. 180. — MENTZEL: KO. § 22 Anm. 3 für den Konkurs. — STRITZKE zieht die Derogation und Spezialität der VO. zur Begründung heran: Das BGB. spreche den Grundsatz der Kündigungsfreiheit aus; das BRG. sei lex specialis zum BGB., für die VO. als das weitere, spezielle Gesetz gelte der Satz: lex posterior derogat legi priori, und § 29 sei für den besonderen Fall des gerichtlichen Vergleichs lex specialis zu den Kündigungsbeschränkungen des BRG. Letzterem kann in der Form nicht zugestimmt werden. Denn daß die Kündigung im Vergleichsver-

b) Schwerbeschädigten kann nach § 13 Ziff. 1 des Gesetzes über die Beschäftigung Schwerbeschädigter (13. Januar 1923. — RGBl. I, 57) nur mit Zustimmung der Hauptfürsorgestelle vom Arbeitgeber gekündigt werden. Benötigt nun der Arbeitgeber zur wirksamen Kündigung der gerichtlichen Ermächtigung und der Zustimmung der Fürsorgestelle, und sind die Kündigungsfristen des SchwerbeschG. § 13 Ziff. 1 und § 16 als gesetzliche Fristen im Sinne von § 29 VO. anzusehen?[1]. Die zu a gegebene Begründung des Widerstreits der doppelten Entscheidung dürfte für den Ausschluß der Zustimmung der Fürsorgestelle entscheidend sein, sofern der Vergleichsschuldner den Betrieb völlig schließt[2]. Die VO. ist aus dem gleichen Grunde wie das BRG. als lex specialis gegenüber § 13 SchwerbeschG. anzusehen. Mit der Verneinung des Zustimmungserfordernisses entfällt aber auch notwendigerweise die Einhaltung der Kündigungsfristen des SchwerbeschG., denn diese gelten nur, soweit die Kündigung nach diesem Gesetz erfolgt, wie § 13ff. SchwerbeschG. im Zusammenhang ergeben. Es kommen also auch einem Schwerbeschädigten gegenüber bei einer Kündigung des Arbeitgebers mit gerichtlicher Ermächtigung die Kündigungsfristen des BGB., HGB. und der GewO. zur Anwendung[3]. Sofern freilich der Vergleichsschuldner den Betrieb fortführt, kommt der weitere Betriebsgewinn, wie JAEGER a. a. O. zutreffend hervorhebt, den Gläubigern zustatten, die also auch die zum Schutze der Schwerbeschädigten bestehenden Betriebslasten zu tragen haben. Dann aber ist die Einhaltung der erweiterten Kündigungsfrist angemessen.

c) Ähnliche Zweifel werden durch die Verordnung über Betriebsstilllegungen und Arbeitseinstellung (15. Oktober 1923 — RGBl. I, 983)

---

fahren das Einspruchsrecht beim Betriebsrat ausschließt, und die VO. also lex specialis ist, war erst zu beweisen, da die VO. hierüber schweigt. — JAEGER (KO. § 22 Anm. 24) findet keinen Widerspruch zwischen § 84 BRG. und § 22 KO. — Ähnlich SELL: Gew.u.KfmGer. 1926, 347 und FLATOW: BRG. § 84 Anm. 1.

[1] Für den Konkurs und die Geschäftsaufsicht wurde überwiegend angenommen, daß die Kündigung nicht der Zustimmung einer die Interessen des insolventen Arbeitgebers nicht unmittelbar vertretenden Behörde bedürfe: SCHALHORN: Gew.u.KfmGer. 1926, 302. — FRIEDRICHS: ArbBl. 1927, 299. — ERDEL: ArbR. 1927, 173; Gew.u.KfmGer. 1926, 267. — A. A.: WANDREY: K. u. T. 1927, 22. — GOERRIG: JR. 1926, 476. — SELL: a. a. O. — LG. I Berlin in NZfA. 1927, 242.

[2] Diese Einschränkung macht mit vollem Recht JAEGER: KO. § 22 Anm. 25. Auch für den Fall der Fortführung des Betriebs nehmen dagegen den Ausschluß des Zustimmungserfordernisses an: CAHN: VO., S. 194. — SAMOLEWITZ: VO. § 29 Anm. 13. — KIESOW: § 29 B II 2. — MAYER: VO. § 29 Anm. 37. — STRITZKE: K. u. T. 1927, 147. — MENTZEL: KO. § 22 Anm. 4.

[3] WANDREY: K. u. T. 1927, 23. — A. A.: SAMOLEWITZ: VO. § 29 Anm. 13. ERDEL: ArbG. 26, 269 u. 386.

geschaffen, da nach § 6 zur Betriebseinstellung die Zustimmung der Verwaltungsbehörde nötig ist. Bei der Frage, ob für die Kündigung durch den Vergleichsschuldner die Zustimmung mit Rücksicht auf § 6a der Verordnung erforderlich ist[1], ist nicht allein ausschlaggebend, daß die VO. das spätere und aus den oben angeführten Gründen das speziellere Gesetz ist[2], sondern der „Rechtsordnungszweck[3]", der mit Rücksicht auf die sachliche Prüfung des Vergleichsgerichts[4] und das damit unvereinbare das Vergleichsverfahren hinhaltende oder unter Umständen unmöglichmachende Verwaltungsverfahren eine Zustimmung der Verwaltungsbehörde ausschließt[5].

d) Das Gesetz über die Beschäftigung vor oder nach der Niederkunft (16. Juli 1927 — RGBl. I, 154)[6] erklärt in § 4 Abs. 1 Kündigungen des Arbeitgebers innerhalb sechs Wochen vor und nach der Niederkunft für unwirksam, wenn diesem bei der Kündigung die Schwangerschaft oder Entbindung bekannt war, oder die Arbeitnehmerin ihm davon unverzüglich nach Empfang der Kündigung Kenntnis gibt. Nach § 4 Abs. 2 wird die Beendigung des Vertrages um die Dauer der Schutzfrist hinausgeschoben, wenn für einen Zeitpunkt gekündigt wird, der in die in Abs. 1 bezeichnete Schutzfrist fällt. Ob nun bei der Kündigung des Vergleichsschuldners innerhalb dieses Zeitraums sich ebenfalls der Vertrag um die Dauer der Schutzfrist verlängert, ist zweifelhaft. Die besondere Begründung zum MutterschG.[7] bemerkt, daß die Kündigung des Konkursverwalters und des Geschäftsaufsichtsschuldners unter

---

[1] Für die Geschäftsaufsicht wurde überwiegend angenommen, daß der Aufsichtsschuldner durch die mit Ermächtigung vorgenommenen Entlassungen seinen Betrieb nicht ohne die behördliche Zustimmung einstellen könne (LESSING: W. u. R. 1926, 328. — GOERRIG: JR. 1926, 395 u. 474 und in Bl. f. ArbR 1927, Nr. 6. — FELDMANN: Z. f. Metallindustrie 1926, 350), daß die einzelne Kündigung dagegen unabhängig davon, ob man dem § 11 G-AV. eine ausdehnende oder einschränkende Auslegung verleiht (vgl. unten zu 1), auch innerhalb der Sperrfrist nur der gerichtlichen Ermächtigung unterliegt (BLEY: K. u. T. 1929, 66). Maßgebend war ein Bescheid des preußischen Ministers für Handel und Gewerbe vom 6. August 1925 (RABl. 1926, 87), der einen früheren Bescheid vom 16. Juli 1924 (RABl. 1924, 347 und NZfA. 1925, 559) dahin abänderte, daß die Zustimmung der Behörde erforderlich sei, da sie nur bei Stillegung auf Anordnung oder mit Zustimmung einer dafür zuständigen Behörde entbehrlich sei. — A. A.: LG. Dresden in ArbR. 1927, 305. — ERDEL: Gew.u. KfmGer. 1926, 391.

[2] STRITZKE: K. u. T. 1927, 147ff. [3] BLEY: K. u. T. 1929, 66.

[4] Vgl. JAEGER: KO. § 22 Anm. 22.

[5] MAYER: VO. § 29 Anm. 37. — STRITZKE: a. a. O. — ASCHER: K. u. T. 1928, 115. — A. A.: KIESOW: § 29 B II 4. — SAMOLEWITZ: VO. § 29 Anm. 15a. — LArbG. Berlin in K. u. T. 1928, 123.

[6] Abgeändert durch Gesetz vom 27. Oktober 1927 (RGBl. I, 325).

[7] Reichstagsdrucksachen III. Wahlperiode 1924/27, Nr. 3525. Besondere Begründung zu § 4.

Umständen den Beschränkungen des § 4 MutterschG. unterworfen ist. Gegenüber der KO. und der G-AV. wird das MutterschG. also als lex specialis aufgefaßt[1]. Gegenüber der VO. muß aber offenbar das gleiche gelten, schon in Anbetracht des infolge einer regelmäßigen Kündigung der Arbeitnehmerin entstandenen unverhältnismäßigen Schadens, der nach § 28 Abs. 2 VO. vermieden werden soll[2]. Es ist aber zu beachten, daß der Arbeitgeber aus einem wichtigen, nicht mit der Schwangerschaft oder Niederkunft zusammenhängenden Grunde kündigen kann, ohne daß eine Fristverlängerung nach § 4 Abs. 1 eintritt (§ 4 Abs. 3). Ein derart wichtiger Grund kann die Betriebsauflösung sein, wenn es das Interesse des Vergleichsschuldners und der Gläubiger erfordert[3].

B. In der VO. nicht besonders geregelte Vertragstypen.

Bei einer Reihe von typischen gegenseitigen und einseitigen Verträgen bestehen Zweifelsfragen, die eine Erörterung der Einwirkung des Vergleichsverfahrens einer Partei auf diese typischen Verträge im einzelnen rechtfertigen.

§ 21. Der Gesellschaftsvertrag.

Nach § 728 BGB. wird mit der Eröffnung des Konkurses über das Vermögen eines Gesellschafters die Gesellschaft aufgelöst. Dasselbe schreibt § 131 Ziff. 5 HGB. für die off.HG. und § 161 Ziff. 2 in Verbindung mit § 131 Ziff. 5 HGB. für die Kommanditgesellschaft vor, wenn ein persönlich haftender Gesellschafter oder ein Kommanditist in den Konkurs gerät. § 25 KO. bringt rücksichtlich einzelner, durch die §§ 18—24 KO. nicht betroffener Rechtsverhältnisse, für die das bürgerliche Recht besondere Bestimmungen über die Wirkung der Konkurseröffnung enthält, diese Bestimmungen zur Anwendung, erklärt also auch die weitere Erfüllung des Gesellschaftsvertrages als nicht dem Wahlrecht des Konkursverwalters unterliegend, vorausgesetzt, daß der Gesellschaftsvertrag überhaupt ein zweiseitiger Vertrag im Sinne von § 17 KO. ist. Da es nun entsprechende Vorschriften für das Vergleichsverfahren im BGB. und im HGB. nicht gibt, so folgt daraus, daß der Bestand einer Gesellschaft durch die Eröffnung des Vergleichsverfahrens über einen Gesellschafter nicht berührt wird[4].

---

[1] JAEGER: KO. § 22 Anm. 26. — MENTZEL: KO. § 22 Anm. 4.

[2] Im Ergebnis ebenso: KIESOW: § 29 B II 3; ArbG. 1927, 308. — VON KUNITZKI-NEU: K. u. T. 1928, 179. — SAMOLEWITZ: VO. § 29 Anm. 16. — STRITZKE: a. a. O.

[3] KIESOW: a. a. O. — Vgl. JAEGER: a. a. O.

[4] Ebenso wird eine off.HG. oder eine Kommanditgesellschaft nicht aufgelöst, wenn ein (persönlich haftender) Gesellschafter oder ein Kommanditist ins Vergleichsverfahren gerät.

Wenn im Gesellschaftsvertrag nicht bestimmt ist, daß ein Vergleichsverfahren über einen Gesellschafter die Gesellschaft auflöst oder die übrigen Gesellschafter zur Kündigung berechtigt, so hängt die Frage, ob der Vergleichsschuldner oder die Mitgesellschafter die weitere Vertragserfüllung nach § 28 VO. ablehnen können, davon ab, ob der Gesellschaftsvertrag ein beiderseits noch nicht vollständig erfüllter Vertrag ist. Diese Frage ist indes zu bejahen[1].

Kommt ein Gesellschafter also ins Vergleichsverfahren, so ist der Vertrag, wenn die weitere Erfüllung nicht abgelehnt wird, nach § 4 VO. weiter zu erfüllen. Der Vergleichsschuldner und die übrigen Gesellschafter zusammen können aber die weitere Erfüllung mit Wirkung einer fristlosen Kündigung ablehnen. Besteht die Gesellschaft außer dem Vergleichsschuldner noch aus mehreren Gesellschaftern, so müssen diese im allgemeinen zusammen ablehnen, wenn auch Fälle denkbar sind, in denen die Ablehnungserklärung nur eines Mitgesellschafters die Gesellschaft auflöst. Die Ermächtigung soll auf Antrag des Schuldners nur dann erteilt werden, wenn den Mitgesellschaftern durch den Aus-

---

[1] Nach § 705 BGB. hat jeder Gesellschafter eine Leistung in der durch den Gesellschaftsvertrag bestimmten Art zu machen. Diese Leistungen werden aber nicht unabhängig voneinander erbracht, sondern jeder leistet zwecks Erreichung des gemeinsamen Zwecks, den er allein nicht oder nur unter Schwierigkeiten erreichen kann, weil er die Leistung den übrigen Gesellschaftern versprochen hat, und diese aus dem gleichen Grunde leisten. Ein Austausch der Leistungen derart, daß Gesellschafter A an Gesellschafter B und umgekehrt leistet, findet zwar nicht statt, deswegen darf aber die synallagmatische Natur des Gesellschaftsvertrags nicht verneint werden, da es nicht so sehr auf den Austausch der Leistungen ankommt, als darauf, daß die Leistung des einen das Entgelt für die des anderen ist. Das muß aber bei der Gesellschaft bejaht werden, denn einmal läßt der Wortlaut von § 705 BGB. „verpflichten sich gegenseitig" bedenkenfrei erkennen, daß jeder sich zu seiner Leistung verpflichtet, weil es der andere ebenfalls tut, andrerseits ist aber auch die Mitwirkung zur Erreichung des gemeinsamen Zwecks als Erfüllungshandlung jener Verpflichtung bestimmt, den Zweck leichter zu erreichen und demnach Entgelt für die inhaltsgleiche Leistung der Mitgesellschafter. Die Förderung des Zwecks ist also Inhalt der Leistung, nicht aber nimmt der Zweck die Leistung als Mittel in seinen Dienst. Wenn auch die Einzelleistungen der Zweckerreichung zustreben, also gleichermaßen parallel zueinander laufen, so gilt doch für sie das Bild do ut des (a. A.: Titze: Schuldv. § 46 Nr. 1). Daher unterliegt der Gesellschaftsvertrag als gegenseitiger Vertrag dem § 28 VO. (Goldschmidt: S. 26. — Cahn: VO., S. 189. — Mayer: VO. § 28 Anm. 3. — Kiesow: § 28 II 1. — Wilmesdoerffer: S. 30. — DJZ. 1920, 719. — Vgl. auch RG. C, 1. — A. A.: Levy: S. 14. — Jaeger: KonkR. § 7. — Mentzel: KO. § 17 Anm. 1). Bis zur Erreichung des Gesellschaftszwecks oder bis zur Beendigung der Gesellschaft haben die Gesellschafter fortlaufende Erfüllungspflichten zu erbringen (Beitragszahlung, Dienstleistung), so daß die vertraglichen Verpflichtungen jedes Gesellschafters vor diesem Zeitpunkt nicht erfüllt sind.

schluß des insolventen Genossen kein unverhältnismäßiger Schaden entsteht. Das wird indes häufig der Fall sein, da mit dem durch die Ablehnung bewirkten Erlöschen der Erfüllungsansprüche die Gesellschaft aufgelöst ist, wenn nicht etwa ein Fortbestehen der Gesellschaft unter den übrigen Gesellschaftern nach dem Vertrage bestimmt ist (§ 736 BGB.). Dann wird die Gesellschaft, soweit noch mindestens zwei weitere Gesellschafter vorhanden sind, nicht aufgelöst: es sind nur die Erfüllungsansprüche des Vergleichsschuldners gegenüber den Mitgesellschaftern und umgekehrt, nicht aber die Erfüllungsansprüche der übrigen Gesellschafter untereinander erloschen.

Soweit die Gesellschaft nicht auf bestimmte Zeit eingegangen ist, kann sie aber auch ohne gerichtliche Ermächtigung jederzeit von jedem Gesellschafter fristlos oder unter Einhaltung der vereinbarten Frist gekündigt werden (§ 723 Abs. 1 BGB.), wodurch jedoch für die übrigen Gesellschafter in der Regel kein Schadensersatzanspruch begründet wird (anders bei der Ablehnung der weiteren Erfüllung: § 30 VO.). Gegenüber § 723 Abs. 1 S. 2 BGB., wonach die auf bestimmte Zeit eingegangene Gesellschaft nur aus wichtigem Grunde vor dem Zeitablauf gekündigt werden kann, ist § 28 VO. lex specialis. Ob die Vergleichseröffnung über einen Gesellschafter im übrigen ein derart wichtiger Grund ist, und sich demnach eine Ermächtigungseinholung zur Kündigung erübrigt, entscheidet der Einzelfall; maßgebend wird sein, daß die Fortsetzung des Gesellschaftsverhältnisses den Mitgesellschaftern nicht zugemutet werden kann; soweit dem Schuldner Verfügungsbeschränkungen auferlegt werden, wird dies wohl stets der Fall sein. Auch im Verhältnis zu § 723 Abs. 2 BGB. ist § 28 VO. lex specialis: Die Ablehnung kann sogar zur Unzeit erklärt werden; eine Gefahr für den Eintritt besonderen Schadens wird freilich in Anbetracht der vorangegangenen richterlichen Prüfung auch der Interessen der Mitgesellschafter nicht bestehen.

Der den Mitgesellschaftern durch die vorzeitige Auflösung der Gesellschaft bzw. den Austritt des Vergleichsschuldners nach § 30 VO. entstehende Schadensersatzanspruch, mit dem sie als Vergleichsgläubiger am Verfahren teilnehmen, steht ihnen gemeinsam zu, kann also bei der Auseinandersetzung nicht voll geltend gemacht werden. Die Auseinandersetzung im Falle der Auflösung der Gesellschaft wird außerhalb des Vergleichsverfahrens vorgenommen[1]. Scheidet der Vergleichs-

---

[1] Fehlt auch eine dem § 16 KO. entsprechende Vorschrift in der VO., so ergibt sich deren Geltung doch mit Rücksicht auf das durch § 2 VO. auch im Vergleichsverfahren beachtete Absonderungsrecht des Gemeinschafters wegen der sich auf das Gemeinschaftsverhältnis gründenden Forderungen, welches im Konkurs außerhalb des Verfahrens geltend gemacht wird (§ 4 Abs. 2 KO.). Vgl. GOLDSCHMIDT: S. 27.

schuldner dagegen aus der nicht zur Auflösung gelangenden Gesellschaft aus, so ist die Schadensersatzforderung der Mitgesellschafter eine Gesamthandforderung (§ 718 Abs. 2 BGB.). Von dem ihnen zugewachsenen Anteil des Vergleichsschuldners (§ 738 Abs. 1 S. 1 BGB.) haben sie dasjenige zu zahlen, was dieser bei einer etwaigen Auseinandersetzung erhalten hätte, vermindert um den ihnen zustehenden Schadensersatzanspruch in Höhe der Vergleichsquote (§ 738 Abs. 1 S. 2 BGB.).

§ 28 VO. gilt auch gegenüber den Kündigungsbestimmungen für die off. HG. und die Komm.-Ges. (§§ 132, 133, 161 Abs. 2 HGB.) als lex specialis. Die Auflösung der Gesellschaft ist in dem Sonderfall, daß ein Gesellschafter im Vergleichsverfahren ist, von einer gerichtlichen Entscheidung im Sinne des § 133 Abs. 1 HGB. unabhängig[1].

§ 22. Der Geschäftsbesorgungsvertrag.

Ein Dienst- oder Werkvertrag kann eine Geschäftsbesorgung zum Gegenstand haben. Geschäftsbesorgung ist Vornahme von Geschäften rechtlicher oder tatsächlicher Natur für den Geschäftsherrn, die in Beziehungen zu dessen Vermögen stehen. Je nachdem, ob der Geschäftsführer nur eine Tätigkeit oder einen durch die Arbeitsleistung herbeizuführenden Erfolg verspricht, finden auf diesen Vertrag neben einigen Vorschriften des Auftrags diejenigen des Dienst- bzw. Werkvertrags Anwendung (§ 675 BGB.)[2].

Im Konkurs des Geschäftsherrn erlöschen von ihm bereits abgeschlossene Geschäftsbesorgungsverträge ipso iure mit der Verfahrenseröffnung (§ 23 Abs. 2 KO.). Die VO. hat diese Vorschrift nicht aufgenommen, da die Notwendigkeit, Rechtsbeziehungen des Vergleichsschuldners, die auf sein Vermögen einwirken, vorzeitig kraft Gesetzes zu lösen, aus dem Bestreben der VO., dem Schuldner die Fortsetzung aller Geschäfte zu belassen, nicht gerechtfertigt ist. Der Vertrag kann aber vorzeitig abgewickelt werden. Liegt der Geschäftsbesorgung ein Werkvertrag zugrunde, so kann die Erfüllung der Geschäftsbesorgung, gleichgültig welche Partei Vergleichsschuldner ist, mit gerichtlicher Ermächtigung abgelehnt werden. Ein Dienstvertrag auf Geschäftsbesorgung kann dagegen nur im Vergleichsverfahren des Geschäftsherrn nach § 29 Abs. 2

[1] Die Mitgliedschaft eines Vereins kann von oder gegenüber einem im Vergleichsverfahren befindlichen Mitglied nicht nach § 28 VO. abgelehnt werden. Selbst wenn der Verein den einzelnen Mitgliedern gegenüber Verpflichtungen zu erfüllen hat, so stehen diese nicht in einem Äquivalenzverhältnis zu den Beitragspflichten des Mitglieds: RG. C, 1 — Cahn: VO., S. 189. — Samolewitz: VO. § 4 Anm. 2.

[2] Wichtige Geschäftsbesorgungsverträge: Vertrag mit dem Rechtsanwalt (RG. LXXXVIII, 226; Warneyer: Rechtspr. 1914, Nr. 204); mit dem Kommissionär (RG. LXXI, 76; CI, 307; CV, 128), Handlungsagenten (RG. LXIII, 69 und JW. 1912, 713) und Frachtführer.

VO. gekündigt werden. Im allgemeinen kommen hierbei die Kündigungsfristen des § 623 BGB. in Frage, wonach also das Vertragsverhältnis mit sofortiger Wirkung oder gegebenenfalls innerhalb von 2 Wochen auch ohne gerichtliche Ermächtigung beendet werden kann — freilich ohne daß dann der Geschäftsbesorger einen Schadensersatzanspruch erlangt[1]. Bei einer Geschäftsbesorgung wird zudem das oft zwischen den Parteien bestehende Vertrauensverhältnis ein fristloses Kündigungsrecht (§ 626 BGB.) rechtfertigen und so auch im Vergleichsverfahren des Geschäftsbesorgers die Möglichkeit einer Vertragsauflösung gewähren. Der Schadensersatzanspruch des Geschäftsbesorgers, der im Zweifel nur im Falle der Kündigung oder Ablehnung mit gerichtlicher Ermächtigung entsteht, umfaßt den Verdienstausfall und gegebenenfalls Aufwendungsersatz (§ 670 BGB.). Der Geschäftsbesorger steht sich also im Vergleichsverfahren besser als im Konkurs des Geschäftsherrn, wo ein Schadensersatzanspruch für den Geschäftsbesorger nicht begründet ist[2].

§ 23. Der Bürgschaftsvertrag.

Inhalt des Bürgschaftsvertrages ist die Verpflichtung des Bürgen, dem Gläubiger gegenüber für die Erfüllung der Verbindlichkeit des Hauptschuldners einzustehen (§ 765 BGB.); diese Verpflichtung steht regelmäßig nicht im Äquivalenzverhältnis zu einer Gegenleistung des Bürgen. Der Bürgschaftsvertrag ist daher streng einseitiger Vertrag.

Wenn der Bürge den Gläubiger *vor der Eröffnung des Vergleichsverfahrens* über den Hauptschuldner *noch nicht* befriedigt hat, so nimmt der Gläubiger mit der ganzen ihm zur Zeit der Eröffnung gegen den Schuldner zustehenden Forderung am Verfahren teil. Aus § 73 Abs. 2 VO., wonach die Rechte des Gläubigers gegen den Bürgen des Vergleichsschuldners durch den Vergleich nicht berührt werden, ergibt sich, daß trotz des bestätigten Zwangsvergleichs, der einen teilweisen Erlaß der Forderungen enthält, die Haftung des Bürgen für den erlassenen Forderungsteil wie für die Vergleichsquote nicht erlischt; ja der Gläubiger kann sogar, wenn er einen Schadensersatzanspruch gegen den Schuldner aus § 30 VO. erhält, den Bürgen in Höhe dieses Anspruchs zur Zahlung heranziehen[3] (§ 767 Abs. 1 S. 1 BGB.).

Muß sich nun der Gläubiger vom Bürgen auf die Zahlungsaufforderung hin die Einrede der Vorausklage entgegenhalten lassen und zunächst die Zwangsvollstreckung mit dem Titel des § 75 VO. versuchen? Soweit sich nicht der Gläubiger aus einer beweglichen Sache des Schuldners, an der er ein Pfand- oder Zurückbehaltungsrecht hat, befriedigen

---

[1] Vgl. hierzu oben S. 73 Anm. 3.
[2] RG. LXIII, 74; LXXXII, 407.
[3] MAYER: VO. § 30 Anm. 15. — JAEGER: KO. § 17 Anm. 48.

kann (§ 773 Abs. 2 BGB.), folgt der Ausschluß der genannten Einrede aus § 773 BGB. Im Geschäftsaufsichtsverfahren verwies man auf § 773 Ziff. 4 BGB.[1]. Indes sind bei einem Erlaßvergleich die Voraussetzungen von Ziff. 4 nicht gegeben[2]; das Vergleichsgericht hat die Aktiven des Schuldners auf ihr Ausreichen zur Befriedigung der Gläubiger in bestimmter Quote geprüft, so daß nicht ohne weiteres eine Fruchtlosigkeit der Vollstreckung in das Vermögen des Schuldners anzunehmen ist. Beim Stundungsvergleich kann freilich das Vorhandensein von Vermögensstücken des Schuldners am Zahlungstermin fraglich sein; die Einrede der Vorausklage ist dann nach Ziff. 4 ausgeschlossen[3]. Da eine analoge Anwendung von § 773 Ziff. 3 BGB. für das Vergleichsverfahren ausscheidet, so kann der Bürge beim Erlaßvergleich die Zahlung in Höhe der Vergleichsquote bis zur fruchtlosen Pfändung beim Schuldner verweigern. Hat der Bürge nicht die Einrede der Vorausklage, so kann der Gläubiger wenigstens gegen den Vergleichsbürgen in Höhe seiner Forderung aus dem bestätigten Vergleich vollstrecken lassen (§ 75 Abs. 1 VO.), bedarf jedoch im Falle der Zulässigkeit der Einrede zur Vollstreckung in das Vermögen des Vergleichsbürgen eines Urteils und einer vollstreckbaren Ausfertigung. Daß der Bürge, der sich im Auftrag des Hauptschuldners verbürgt hat oder dem als Geschäftsführer ohne Auftrag die Rechte eines Beauftragten zustehen (§§ 683, 684 S. 2 BGB.), vom Schuldner Befreiung von der Bürgschaft verlangen kann, weil dieser ins Vergleichsverfahren gekommen ist (§ 775 BGB.), wird durch § 73 VO. nicht ausgeschlossen, da hier die Rechte des Gläubigers gegen den Bürgen nur insoweit unberührt bleiben, als das BGB. die Rechte und Pflichten des Bürgen umgrenzt. Der Bürge kann daher unbedenklich vom Vergleichsschuldner, dessen Vermögensverhältnisse sich wesentlich verschlechtert haben (§ 775 Ziff. 1 BGB.) oder der mit der Erfüllung seiner Verbindlichkeit in Verzug kommt (§ 775 Ziff. 3), Befreiung von der Bürgschaft verlangen[4].

Insoweit der Gläubiger mit der Forderung gegen den Schuldner am Verfahren teilnimmt, kann nicht der Bürge die durch seine Zahlung bedingte Regreßforderung geltend machen.

Hat dagegen der Bürge den Gläubiger *vor der Eröffnung teilweise* befriedigt, so nimmt der Bürge, auf den der Anspruch des Gläubigers in Höhe der Teilleistung übergegangen ist (§ 774 S. 1 BGB.), mit dieser Teilforderung am Verfahren teil und wird vom Vergleich betroffen[5],

[1] Recht 1915, Nr. 797; 1916, Nr. 789. — JW. 1915, 1304.

[2] A. A.: MAYER: VO. § 1 Anm. 35.

[3] DJZ. 1916, 1002. — Recht 1916, Nr. 1128. — CAHN: G-AV., S. 96.

[4] MEYER: a. a. O.

[5] RG. LXXXIII, 401. — JAEGER: KO. 4. u. 5. Aufl. § 3 Anm. 26. — MENTZEL: KO. § 3 Anm. 2[d]. — KIESOW: § 2 B I 3[b]. — MAYER: VO. § 2 Anm. 37. — SAMOLEWITZ: VO. § 2 Anm. 10.

während der Gläubiger mit der ihm verbliebenen Restforderung seinerseits am Verfahren beteiligt ist. Doch bleibt zufolge des § 774 S. 2 BGB. bei Berechnung der Vergleichsquote des Gläubigers die auf den Bürgen übergegangene Teilforderung außer Ansatz.

Wenn der Bürge den Gläubiger *vor der Verfahrenseröffnung* bereits *voll* befriedigt hat, so nimmt er mit der ganzen auf ihn übergegangenen Forderung am Verfahren teil[1]. Dies gilt aber auch dann, wenn der Bürge *nach der Eröffnung voll* an den Gläubiger zahlt. Die Forderung des Gläubigers geht dann mit ihrem rechtlichen Schicksal — im Verzeichnis aufgenommen oder nicht, anerkannt, erlassen, gestundet — auf den Bürgen über, der an die Stelle des Gläubigers in dessen Eigenschaft als Vergleichsgläubiger in vollem Umfange tritt.

Bei *teilweiser Befriedigung* des Gläubigers *nach der Vergleichseröffnung* geht dagegen die Forderung des Gläubigers in dieser Höhe nicht auf den Bürgen mit der Wirkung über, daß der Bürge insoweit Verfahrensgläubiger neben dem Gläubiger wird. Dem stände § 774 S. 2 BGB. entgegen. Der Gläubiger nimmt vielmehr mit der gesamten Forderung teil, für die er zur Zeit der Eröffnung noch nicht befriedigt ist. Für den Ausfall infolge der Teilnahme am Verfahren haftet der Bürge dem Gläubiger[2].

Im gleichzeitigen Vergleichsverfahren des Bürgen und des Schuldners kann der Gläubiger seine Forderung nur in einem Verfahren geltend machen, da Bürge und Hauptschuldner nicht Gesamtschuldner sind, und daher § 68 KO. in Verbindung mit § 2 VO. nicht Anwendung findet. Wenn dagegen ein oder mehrere Mitbürgen ins Vergleichsverfahren kommen, so kann der Gläubiger in jedem Verfahren bis zur vollen Befriedigung den Betrag geltend machen, den er zur Zeit der Eröffnung zu fordern hatte (§§ 421, 769 BGB.; § 68 KO.; § 2 VO.).

§ 24. Der Insertions- und Verlagsvertrag.

1. Durch den Insertionsvertrag wird der Verleger verpflichtet, einen bestimmten vom Inserenten gelieferten Text in einer Druckschrift einmalig oder in vereinbarter Wiederholung gegen Entgelt zu vervielfältigen und die Druckschrift in seinem Abnehmerkreis zu verbreiten. Entgegen früherer Ansicht ist der Insertionsvertrag als Werkvertrag aufzufassen[3], nicht als contractus sui generis. Er hat sowohl die Herstellung

[1] RG. LIV, 318. — KIESOW: a. a. O. — MAYER: a. a. O. — SAMOLEWITZ: a. a. O.

[2] RG. LII, 171. — LZ. 1908, 458. — JAEGER: KO. § 68 Anm. 1, 3. — MENTZEL: KO. § 3 Anm. 2d. — KIESOW: a. a. O. — SAMOLEWITZ: VO. § 2 Anm. 10.

[3] STAUB-KOENIGE: HGB. § 373 Anm. 11. — STAUDINGER: Komm. § 631 Vorb. III 3e. — JAEGER: KO. § 17 Anm. 1. — HOENIGER: Das Inseratenrecht, S. 22. — HACHMEISTER: § 2. — Seuff. Arch. 65, 270.

von Sachen zum Gegenstand (§ 631 Abs. 2 BGB.) — den Abdruck des Textes in der Druckschrift — als auch einen durch Arbeit herbeizuführenden Erfolg — die Verbreitung der Druckschrift[1]. Als Werkvertrag unterliegt der Insertionsvertrag der Ablehnung des § 28 VO. Wann indes Nichterfüllung vorliegt, ist im einzelnen zu prüfen.

Bei der einmaligen Einrückung des Inserats hat der Verleger seine Vertragspflicht erfüllt, wenn die Druckschrift mit dem Inserat an alle Abonnenten verteilt ist. Der Inserent hat erfüllt, wenn er die Gebühren bezahlt hat. Freilich wird ein Berichtigungszwang nach § 11 des Preßgesetzes vom 7. Mai 1874 immer noch eine Erfüllungspflicht des Verlegers darstellen, weil der Abdruck des berichtigten Inserats in der nächsten Druckschrift und die Verbreitung dieser Druckschrift noch auf Grund des Insertionsvertrags erfolgen.

Bei auf unbestimmte Zeit abgeschlossenen Insertionsverträgen auf wiederholtes Einrücken von Anzeigen ist eine entsprechende Anwendung der oben für das Wiederkehrschuldverhältnis aufgestellten Regeln geboten. Dann ist der Abdruck des einzelnen Inserats, das Verbreiten der betreffenden Druckschrift und die Vergütung für diese Leistung durch den Inserenten als beiderseitige Erfüllung eines rechtlich selbständigen Vertragsabschnitts zu bewerten. Andrerseits gelten aber Abdruck, Verbreitung und Bezahlung eines Inserats auf Grund eines auf bestimmte Zeit eingegangenen Vertrages als rechtlich unselbständige Teile eines einheitlichen Sukzessivlieferungsvertrages, sofern nicht auch in diesem Falle jedes Inserat und seine Bezahlung nach dem Parteiwillen Erfüllung eines selbständigen Vertrages ist[2].

Die Vergütung ist nach § 641 Abs. 1 S. 2, § 646 BGB. jeweils bei Vollendung des Werkes, also nach Verbreitung des richtig abgedruckten Inserats zu zahlen. Nach einem Gutachten der Berliner Handelskammer wird die Gebühr auch meist nach dem Erscheinen des Inserats innerhalb kürzester Frist bezahlt, sofern nicht monatliche oder halbjährliche Bezahlung üblich ist. Doch erfolgt die Zahlung fast nie erst nach dem Abdruck sämtlicher Inserate. Danach können also die Parteien, wenn eine von ihnen ins Vergleichsverfahren kommt, die Erfüllung des laufenden Vertragsabschnitts ablehnen, wenn für diesen Zeitraum beiderseits noch nicht voll erfüllt ist. Selbst wenn vertraglich eine Kündigung nur unter Einhaltung einer Frist vorgesehen war, kann die Erfüllung mit sofortiger Wirkung abgelehnt werden; die Vertrags-

---

[1] Der Insertionsvertrag ist des herbeizuführenden Erfolges wegen nicht Werklieferungsvertrag (HACHMEISTER: a. a. O.), auch nicht Mietvertrag zugunsten Dritter (ELSTER: Gewerbe-Rundschau 1920, 184), da die einzelnen mit dem Inserat bedruckten Flächen in der Druckschrift nicht zum Gebrauch überlassen werden, auch keine Rückgabe erfolgt.

[2] Vgl. oben § 14. S. 50.

abrede gewinnt aber für den Schadensersatzanspruch Bedeutung. Liegt ein Sukzessivlieferungsvertrag vor, so können auch die zukünftigen Leistungen beider Parteien bis zum vereinbarten Vertragsende abgelehnt werden. Hat der Verleger noch Gebührenforderungen aus früheren Inseraten, so ist er bezüglich dieser am Vergleichsverfahren des Inserenten beteiligt. Ein Absonderungsrecht gemäß § 49 Ziff. 2 KO. steht ihm hierfür nicht zu, denn der Verleger hat kein gesetzliches Pfandrecht nach § 647 BGB., weil die Inserate, insbesondere das bedruckte Papier, nicht dem Inserenten gehören.

Ist der Inserent Vergleichsschuldner, so hat der Verleger bei der Erfüllungsablehnung einen Schadensersatzanspruch (§ 30 VO.). Der Schaden ist nach dem Gewinn zu berechnen, den der Abdruck des Inserats für den Verleger hat, entspricht also in der Regel dem Betrag, den der Verleger an der Aufnahme des Inserats verdient hätte. Auf den entgangenen Gewinn bezüglich des Nichterscheinens der laufenden und zukünftigen Inserate muß sich der Verleger das anrechnen lassen, was er durch die Nichtausführung des Werkes infolge geringeren Papierverbrauchs, geringerer Druckkosten usw. oder durch anderweitige Verwendung seiner Arbeitskraft erspart hat, bzw. den Gewinn, den er durch anderweitige Benutzung des ihm infolge der Nichtausführung des Inserats zur Verfügung stehenden Platzes in seiner Druckschrift erworben oder böswillig zu erwerben unterlassen hat (§ 649 BGB.)[1].

Wenn im Vergleichsverfahren des Verlegers die Erfüllung abgelehnt wird, so kann der Inserent verlangen, so gestellt zu werden, als wären die restlichen Inserate gedruckt und verbreitet worden. Er kann demnach als Schadensersatz sämtlichen ihm durch das Nichterscheinen der Inserate in dieser Druckschrift entgangenen Geschäftsgewinn fordern;

[1] Hierbei ist zu unterscheiden, ob der Umfang der Druckschrift von vornherein auf eine bestimmte Bogenzahl beschränkt ist oder je nach Anzahl und Größe variiert. Ist der Umfang fest begrenzt, so läßt sich der erlittene Schaden leicht feststellen: er ist gleich dem entgangenen Gewinn, vermindert um den Verdienst durch Inseratenaufnahme an der gleichen Stelle. Bestimmt sich dagegen der Umfang nach der Zahl der jeweils abzudruckenden Schriftsätze und Inserate, so erleidet der Verleger durch die Nichtausführung des Inserats einen Schaden in Höhe des entgangenen Gewinns, dem aber eine Ersparnis oder eine gleichwertige Einnahme durch den Abdruck eines anderen Inserats nicht gegenübersteht, denn jede weitere Anzeige hätte beim Abdruck des nunmehr nicht eingerückten Inserats den Umfang der Druckschrift nur vergrößert. In derartigen Fällen, die bei weitem die häufigsten sein dürften, kann daher der Verleger vollen Ersatz des entgangenen Gewinns fordern, wobei nur die ersparten Druckkosten und Papierkosten abzurechnen sind (Kiesow: § 28 X 5. — Hachmeister: § 7. — Arnstein: JW. 1926, 536. — Woller: DJZ. 1928, 517. — Jaeger: KO. § 17 Anm. 45[a]. — Mentzel: KO. § 17 Anm. 5).

der Betrag vermindert sich, wenn der Inserent während der restlichen Vertragszeit gleiche Inserate in anderen Druckschriften aufgibt.

Der Inserent kann als Besteller des Werkes den Vertrag jederzeit fristlos kündigen (§ 649 BGB.). Ist er Vergleichsschuldner, so wird er die fristlose Kündigung möglichst nicht erst nach der Vergleichseröffnung erklären, weil alsdann der Verleger mit dem Vergütungsanspruch für sämtliche nicht ausgeführte Inserate (§ 649 S. 2 BGB.) als Neugläubiger am Verfahren nicht teilnehmen und vom Vergleich nicht betroffen sein würde. Im Vergleichsverfahren des Verlegers empfiehlt sich eine fristlose Kündigung für den Inserenten schon deswegen nicht, weil ihm dann kein Ersatzanspruch zusteht.

2. Der Verlagsvertrag untersteht als gegenseitiger Vertrag den §§ 4, 28, 30 VO., denn das Reichsgesetz über den Verlagsvertrag (19. Juni 1901 — RGBl. I, 217), das im Falle des Verlegerkonkurses besondere vom § 17 KO. abweichende Regelungen trifft (§ 36 VerlG.), ist durch die VO. nicht auch für das Vergleichsverfahren ergänzt worden, noch weist die VO. auf § 36 VerlG. hin. Seiner Natur nach ist der Verlagsvertrag ein Werkvertrag: Der Verfasser eines Werkes der Literatur und der Tonkunst wird verpflichtet, dem Verleger das Werk zur Vervielfältigung und Verbreitung auf eigene Rechnung zu überlassen; der Verleger wird verpflichtet, das Werk zu vervielfältigen und zu verbreiten (§ 1 VerlG.). Danach ist die Ablehnung nur so lange möglich, als der Verfasser das Werk noch nicht abgeliefert hat, es sei denn, daß ihm noch vertragliche Korrekturpflichten obliegen. Ist zur Zeit der Vergleichseröffnung alsdann das Recht zur Vervielfältigung und Verbreitung bereits in das Vermögen des Vergleichsschuldners übergegangen, so können die Rechtsfolgen der Abwicklung des Verlagsvertrags mangels eines Kondiktionsanspruchs des Verfassers (vgl. oben § 13 zu 3^b) zweifelhaft sein. Nach der oben entwickelten Regel bliebe das Verlagsrecht im Eigentum des Vergleichsschuldners. Der Verfasser müßte also eine Vervielfältigung und Verbreitung des Werkes selbst nach einer Erfüllungsablehnung durch den Verleger dulden und sich wegen seiner Vergütungsforderung auf die Teilnahme am Verfahren verweisen lassen. Dieser Unbilligkeit kann indes die im Konkursrecht angenommene Vorstellung einer „Zweckübertragung" des Verlagsrechts[1] auch im Vergleichsverfahren abhelfen. Nach dieser Lehre erfolgt die Übertragung des Verlagsrechts unter der stillschweigenden auflösenden Bedingung der Nichterfüllung der Vertragspflichten des Verlegers (§ 1 S. 2, § 22 VerlagsG.). Mag diese Ansicht auch mit Rück-

[1] GOLDBAUM: S. 348, 422. — RIEZLER: LZ. 1910, 644. — JAEGER: KO. § 17 Anm. 62. — GOLDSCHMIDT: S. 10. — SELIGSOHN: Studien zur Förderung des gewerblichen Rechtsschutzes (1909), S. 293 ff. — DE BOOR: Urheberrecht, S. 350.

sicht auf die damit einem nicht immer zum Ausdruck kommenden oder gar fehlenden Parteiwillen maßgebend beigelegte Bedeutung angreifbar sein, so hilft sie doch durch das automatische Erlöschen des Verlagsrechts im Zeitpunkt des Wirksamwerdens der Ablehnung einem dringenden Bedürfnis ab. Der Vergleichsschuldner hat jedenfalls wegen der bereits an den Verfasser gezahlten Vergütungen einen Kondiktionsanspruch[1], während der Unterlassungsanspruch des Verfassers auf Verbreitung und Vervielfältigung außerhalb des Vergleichsverfahrens geltend zu machen ist (§ 43 KO.; § 2 VO.).

§ 25. Das Fixgeschäft.

Fixgeschäfte sind gegenseitige Verträge, bei denen die Leistung des einen Teils genau zu einer fest bestimmten Zeit oder innerhalb einer bestimmten Frist bewirkt werden soll. Bei Nichteinhaltung des Termins oder der Frist hat der Gegner im Zweifel ein Rücktrittsrecht (§ 361 BGB.), soweit es sich um Handelsterminsgeschäfte handelt, daneben beim Verzug des Schuldners einen Schadensersatzanspruch wegen Nichterfüllung zur Wahl (§ 376 HGB.). Kommt eine Partei in den Konkurs, bevor der Termin oder der Fristablauf eingetreten ist, so erlöschen, soweit es sich um Lieferung von Waren mit einem Markt- oder Börsenpreis handelt, bei Konkurseröffnung die beiderseitigen Erfüllungsansprüche (§ 18 Abs. 1 KO.) und verwandeln sich in einen in § 18 Abs. 2 KO. näher bezeichneten Schadensersatzanspruch des Gegners: Die Erfüllungsablehnung des Konkursverwalters ist also hier ausgeschlossen.

Die VO. regelt ebenso wie die G-AV. die Einwirkung der Vergleichseröffnung auf ein Fixgeschäft nicht in einer von der für alle gegenseitigen Verträge geltenden Regel abweichenden Weise. Es gilt also zunächst § 4 VO., wenn die Parteien bei der Eröffnung noch nicht voll erfüllt haben. Ist der Käufer Vergleichsschuldner, und liegt der vereinbarte Lieferungstermin oder der Fristablauf vor der Eröffnung, so hat der Verkäufer, der erfüllt hat, eine Vergleichsforderung auf die Gegenleistung; hatte der Verkäufer noch nicht erfüllt, so steht dem Vergleichsschuldner das Rücktrittsrecht nach § 361 BGB., beim Handelsfixgeschäft wahlweise eine Schadensersatzforderung und in allen Fällen das Ablehnungsrecht nach § 28 VO. zu[2]. Die Wahl der Ablehnung schließt die weiteren Rechtsbehelfe aus. Liegt der Termin oder die Frist erst nach der Eröffnung, so werden die Voraussetzungen von § 28 VO. regelmäßig vorliegen, wenn nicht eine Partei schon vorgeleistet hat. Wenn der Lieferant vor dem Lieferungstermin ins Vergleichsverfahren kommt,

---

[1] JAEGER: KO. § 17 Anm. 62. — GOLDSCHMIDT: a. a. O. — A. A.: GOLDBAUM: S. 422, doch ohne praktische Begründung.

[2] SALOMON: VO., S. 55. — KIESOW: § 28 XI.

so kann der Käufer, wenn der Gegner nicht leistet, die drei genannten Rechtsbehelfe wahlweise anwenden. Der auf Grund von § 376 HGB. geforderte Schadensersatzanspruch nimmt aber anders als der Anspruch aus § 30 VO. am Vergleichsverfahren nicht teil und wird vom Vergleich nicht betroffen, da er erst nach der Eröffnung entsteht. Inhalt des Ersatzanspruchs ist der Unterschied zwischen dem vereinbarten Preis und demjenigen Markt- oder Börsenpreis, der sich am Erfüllungsort für die am Tage des Zugehens der Ablehnungserklärung an den Vertragsgegner mit der bedungenen Erfüllungszeit geschlossenen Geschäfte ergibt. Diese Auslegung dürfte im Hinblick auf die ähnliche Regelung in § 18 Abs. 2 KO. der ratio legis entsprechen. Als Stichtag den Werktag nach der Vergleichseröffnung unter entsprechender Anwendung von § 18 Abs. 2 KO. zu wählen, liegt kein Anlaß vor, da das Fixgeschäft durch die Eröffnung nicht berührt wird. Man darf aber auch für die Bestimmung des Markt- oder Börsenpreises nicht den Tag nach der Ablehnungserklärung als maßgebend ansehen.

Oft wird in den Geschäftsbedingungen für Börsentermingeschäfte, welche die tatsächliche Warenlieferung nicht vorsehen, bestimmt, daß bei Zahlungseinstellung einer Partei das Geschäft aufgelöst ist und der Vergleichsschuldner das Geschäft glattzustellen hat. Unter Umgehung der Erfüllungsablehnung nimmt dann der Gegner mit seinem eventuell nach § 376 Abs. 2 HGB. zu berechnenden Schadensersatzanspruch am Verfahren teil[1].

§ 26. Besonderheiten des Kaufvertrages.

1. Hat der Käufer eines Grundstücks zur Sicherung seines Anspruchs auf Eigentumsverschaffung sich eine Vormerkung im Grundbuch eintragen lassen, und kommt dann der Verkäufer vor der Erfüllung seiner Vertragspflichten in den Konkurs, so kann der Käufer die Befriedigung seines Anspruches von dem Konkursverwalter verlangen (§ 24 KO.), wiewohl der Vertrag unter Umständen noch beiderseits unerfüllt ist. Der Käufer kann also vom Verwalter Übereignung des Grundstücks fordern, ohne daß, wie allgemein angenommen wird[2], der Verwalter das Erfüllungsbegehren des Käufers durch eine Ablehnungserklärung nach § 17 KO. abschneiden könnte. Kann nun im Vergleichsverfahren der Verkäufer als Vergleichsschuldner von der Ablehnungsbefugnis des § 28 VO. Gebrauch machen? Eine dem § 24 KO. entsprechende Vorschrift fehlt in der VO. Trotzdem bleibt auch § 24 KO. im Vergleichsverfahren nicht ohne Bedeutung: Der Vormerkungsgläubiger ist nicht beteiligter Konkursgläubiger, da der Anspruch auf

---

[1] Kiesow: a. a. O. — Mayer: VO. § 4 Anm. 18.

[2] Wolff: KO. § 24 Anm. 3. — Jaeger: KO. § 24 Anm. 13, 22, 23 mit Literatur.

Übereignung Aussonderungscharakter hat[1], und ist daher am Vergleichsverfahren ebenfalls mit seinem Anspruch nicht beteiligt (§ 2 VO.). Dies würde nun an sich die Ablehnungsbefugnis des Schuldners noch nicht ausschließen. Die durch § 2 VO. hergestellte enge Anlehnung an die konkursrechtliche Trennung zwischen bevorrechtigten und beteiligten Konkursgläubigern gibt indes Anlaß, auch im Vergleichsverfahren den Ausschluß der Ablehnungsbefugnis des Schuldners eines durch Vormerkung gesicherten Anspruchs anzunehmen[2]. Das kann aber nicht aus § 73 VO. folgen, wie KIESOW[3] annimmt, da § 73 VO. nur auf die am Verfahren beteiligten Gläubiger Bezug nimmt, es sich dort also nur um Vormerkungen Dritter handeln kann, nicht um solche des Schuldners selbst, die vielmehr eine Beteiligung des Käufers am Verfahren ausschließen[4]. Es ist aber nicht unerheblich, wann die Vormerkung eingetragen ist. Erfolgte der Eintrag auf Grund einer einstweiligen Verfügung (§ 885 BGB.) innerhalb der Sperrfrist des § 3 VO., so bleibt der Käufer mit seinem Anspruch auf Verschaffung des Eigentums am Verfahren beteiligt, wenn er den Kaufpreis voll bezahlt hatte (§ 3 VO.). Im anderen Falle kann auf Grund einer selbst innerhalb der Sperrfrist eingetragenen Vormerkung die Erfüllung unter Ausschluß der Ablehnungsbefugnis des Verkäufers verlangt werden. — Im Vergleichsverfahren des Käufers, der sich eine Vormerkung hat eintragen lassen, ist die Ablehnung stets möglich[5].

2. Auch beim dinglichen Vorkaufsrecht (§ 1094 BGB.) kann die Anwendbarkeit des § 28 VO. bezüglich des Kausalvertrags zweifelhaft sein. Nach § 1098 Abs. 2 BGB. wirkt nach Übereignung des Grundstücks an den Dritten das Vorkaufsrecht wie eine Vormerkung zur Sicherung des Anspruchs auf Übereignung: Dem Berechtigten gegenüber ist also nach der Ausübung des Vorkaufsrechts noch der Verpflichtete Grundeigentümer und schuldrechtlich zur Übereignung verpflichtet, nicht der Dritte, der nur eine Zustimmungsverpflichtung hat (§ 883 Abs. 2 BGB.). Zunächst gilt im Vergleichsrecht die für den Konkurs in Frage kommende Beschränkung der Vormerkungswirkung gegenüber einem Dritten, der das Grundstück vom Verwalter aus freien Händen gekauft hat, mangels einer dem § 1097 S. 2 BGB. auch für den Vergleichsschuldner entsprechenden Vorschrift nicht. Danach löst also sowohl Veräußerung des Grundstücks im Wege der Zwangsversteigerung wie des freiwilligen Verkaufs durch den Vergleichsschuldner als Vorkaufsverpflichteten die Vormerkungswirkung

---

[1] JAEGER: KO. § 24 Anm. 14.

[2] KIESOW: § 2 V 1. — MAYER: VO. § 2 Anm. 6. — JAEGER: a. a. O. Anm. 23; § 17 Anm. 52. — BERNHARDT: S. 13.

[3] KIESOW: a. a. O. — Ebenso BERNHARDT: a. a. O.

[4] Vgl. SAMOLEWITZ: VO. § 73 Anm. 7. [5] KIESOW: § 28 II 6.

gegenüber dem Berechtigten aus. Daraus folgt aber, daß aus den gleichen Gründen wie zu 1. dem Vergleichsschuldner hier nach der Erklärung des Vorkaufsrechts die Ablehnung des auch auf seiten des Berechtigten noch nicht vollständig erfüllten Kausalvertrags verwehrt sein muß[1]. Es verbleibt also bei der Erfüllung (§ 4 VO.). Die Erklärung der Ausübung des Verkaufsrechts muß freilich schon vor der Vergleichseröffnung abgegeben sein, da erst mit dieser der Kaufvertrag mit dem Verpflichteten zustande kommt (§ 1098 in Verbindung mit § 505 BGB.).

Beim persönlichen Vorkaufsrecht, dessen Ausübung durch § 512 BGB. anders als im Konkurs nicht ausgeschlossen ist, steht der vorzeitigen Abwicklung des durch die Ausübungserklärung zwischen dem Berechtigten und dem Verpflichteten zustandegekommenen Kaufvertrages nichts entgegen.

3. Eine weitere mit dem Kaufvertrag zusammenhängende Frage ist die, ob das Verfolgungsrecht des Verkäufers und Einkaufskommissionärs (§ 44 KO.) auch im Vergleichsverfahren Anwendung findet. Das Verfolgungsrecht ist ein besonderer Fall der Aussonderung, durch das ein Gegenstand aus der Masse gezogen wird, selbst wenn dieser z. B. mittels Traditionspapiere in das Eigentum des Gemeinschuldners übergegangen ist.

Wilmersdoerffer[2] lehnt das Verfolgungsrecht im Vergleichsverfahren ab, weil die Aussonderung erst nach der Eröffnung entstehe, dies aber nicht ausreiche, um die Teilnahme des Gläubigers am Verfahren auszuschließen. Die Nichtbeteiligung der aussonderungsberechtigten Gläubiger greife nur dann Platz, wenn das Aussonderungsrecht bei der Eröffnung schon bestehe, und es wäre daher eine besondere gesetzliche Ausnahmeregelung notwendig gewesen. Diese Ansicht ist aber im Hinblick auf § 2 VO. nicht zu billigen. Im Konkurs reicht die Entstehung eines Aussonderungsrechts zur Zeit der Konkurseröffnung aus, um die Beteiligung des Verkäufers am Verfahren auszuschließen. Daß aber das Aussonderungsrecht nicht erst nach der Eröffnung entsteht, dürfte schon mit Rücksicht darauf nicht zweifelhaft sein, da mit der Eröffnung, die als entscheidender Zeitpunkt für die Frage des unmittelbaren Besitzes des Käufers bezeichnet ist, das Recht des Verkäufers auf Rückforderung der Ware entsteht. Daher nimmt der Verkäufer, gleichgültig, ob der Gegner bereits Eigentümer ist oder nicht, mit seiner Kaufpreisforderung am Vergleichsverfahren des Käufers nicht teil, sondern kann die Rückgabe der Ware vom Vergleichsschuldner verlangen[3].

Schluß des Textes s. S. 94.

[1] Kiesow: § 28 V 2. — Mayer: VO. § 2 Anm. 4. — Bernhardt: S. 14. — Vgl. auch Jaeger: KO. § 24 Anm. 4.

[2] Wilmersdoerffer: VO. § 28 Anm. 2.

[3] Kiesow: § 2 III 4. — Lucas: VO., S. 25. — Cahn: VO., S. 79; G-AV. S. 134. — Salomon: VO., S. 4. — Samolewitz: VO. § 2 Anm. 5. — Bendix: VO., S. 87. — Mayer: VO., § 2 Anm. 76.

Einwirkung des Konkurses, des Geschäftsaufsichts- und

	Allgemeine Regel für sämtl. Verträge	Miete und Pacht			
		Vermieter im Konkurs		Mieter im Konkurs	
		Überlassen	Nicht überlassen	Überlassen	Nicht überlassen
Konkurs	**§ 17 KO.** I. K-V. kann an Stelle des Gemeinschuldners Erfüllung verlangen und erfüllen. **§§ 17, 26 KO.** II. K-V. kann die Erfüllung ablehnen. Der Gegner hat eine am Verfahren teilnehmende Schadensersatzforderung.	**§ 21 KO.** Miet- und Pachtverträge sind der Masse gegenüber wirksam. K-V. und Mieter (Pächter) müssen den Vertrag weiter erfüllen. Veräußert der K-V., so kann der Erwerber kündigen.	**§ 17 KO.** I. K-V. kann an Stelle des Vermieters (Verpächters) erfüllen und Erfüllung verlangen. **§§ 17, 26 KO.** II. K-V. kann die Erfüllung ablehnen. Der Mieter hat eine am Verfahren teilnehmende Schadensersatzforderung.	**§ 17 KO.** I. K-V. kann an Stelle des Mieters (Pächters) erfüllen und Erfüllung verlangen. **§ 19 KO.** II. K-V. und Vermieter können mit gesetzlicher Frist kündigen. Vermieter hat bei Kündigung des K-V. einen Schadensersatzanspruch.	**§ 20 KO.** I. Vermieter tritt vom Vertrag zurück. **§§ 20, 17 KO.** II. K-V. erfüllt den Vertrag, da Vermieter auf Aufforderung schweigt. **§§ 20, 17, 26 KO.** III. K-V. lehnt die Erfüllung ab. Vermieter hat eine am Verfahren teilnehmende Ersatzforderung.
		Vermieter unter Geschäftsaufsicht		Mieter unter Geschäftsaufsicht	
Geschäftsaufsicht	**§ 13² G-AV.** I. Schuldner und Gläubiger erfüllen den Vertrag unabhängig vom Aufsichtsverfahren. **§§ 9, 13 II G-AV.** II. Schuldner lehnt die Erfüllung mit Ermächtigung ab. Die Schadensersatzforderung des Gegners nimmt am Verfahren teil.	**§ 13² G-AV.** I. Vermieter (Verpächter) und Mieter (Pächter) können, gleichgültig ob der Miet- oder Pachtgegenstand überlassen ist oder nicht, den Vertrag unabhängig vom Aufsichtsverfahren erfüllen.			
		§§ 9, 13 II G-AV. II. Vermieter (Verpächter) kann die Erfüllung mit Ermächtigung ablehnen. Die Schadensersatzforderung des Mieters (Pächters) nimmt am Verfahren teil.		**§§ 10, 13 II G-AV.** II. Mieter (Pächter) kann den Vertrag mit Ermächtigung unter gesetzlicher Frist kündigen. Unter Ausschluß des Pfandrechts nimmt die Schadensersatzforderung des Vermieters am Verfahren teil.	
		Vermieter im Vergleichsverfahren		Mieter im Vergleichsverfahren	
				Überlassen	Nicht überlassen
Vergleichsverfahren	**§ 4 VO.** I. Schuldner und Gläubiger erfüllen den Vertrag unabhängig vom Aufsichtsverfahren. **§§ 28, 30, 4² VO.** II. Schuldner und Gläubiger können die Erfüllung mit Ermächtigung ablehnen. Die Schadensersatzforderung des Gegners nimmt am Verfahren teil.	**§§ 4, 29 I VO.** Vermieter (Verpächter) und Mieter (Pächter) haben den Vertrag weiter zu erfüllen. Ein Ablehnungs- oder Kündigungsrecht besteht nicht. Zu einer Vertragsauflösung können nur allgemeine Gründe führen.		**§ 4 VO.** I. Vermieter und Mieter können den Vertrag erfüllen. **§§ 28, 29, II, 30 VO.** II. Beide Parteien können mit Ermächtigung unter gesetzlicher Frist kündigen (bei Grundstücken nur der Mieter). Unter Ausschluß des Pfandrechts nimmt Ersatzanspruch teil.	**§ 4 VO.** I. Vermieter und Mieter können den Vertrag erfüllen. **§§ 28, 30 VO.** II. Beide Parteien können die Erfüllung mit Ermächtigung ablehnen. Der Schadensersatzanspruch des Vermieters ist am Verfahren beteiligt.

Vergleichsverfahrens auf einige unerfüllte gegenseitige Verträge.

<table>
<tr><th colspan="4">Dienstvertrag</th><th colspan="2">Geschäftsbesorgung</th></tr>
<tr><th colspan="3">Haushalt, Wirtschaftsbetrieb, Erwerbsgeschäft</th><th>Andere Dienstverträge</th><th>Geschäftsherr im Konkurs</th><th>Geschäftsbesorger im Konkurs</th></tr>
<tr><th colspan="2">Dienstherr im Konkurs</th><th>Dienstpflichtiger</th><th>Beide</th><th></th><th></th></tr>
<tr><th>Angetreten</th><th>Nicht angetreten</th><th>—</th><th>—</th><th></th><th></th></tr>
<tr>
<td>§ 17 KO.
I. K-V. kann an Stelle des Gemeinschuldners Erfüllung verlangen und erfüllen.
§§ 22, 26 KO.
II. K-V. und Dienstpflichtiger können unter gesetzlicher Frist kündigen. Dienstpflichtiger hat bei Kündigung des K-V. einen Schadensersatzanspruch.</td>
<td>§ 17 KO.
I. K-V. kann an Stelle des Gemeinschuldners Erfüllung verlangen und erfüllen.
§§ 17, 26 KO.
II. K-V. kann an Stelle des Gemeinschuldners Erfüllung ablehnen. Dienstpflichtiger hat eine am Verfahren teilnehmende Schadensersatzforderung.</td>
<td>§ 17 KO.
Der Vertrag ist vom K-V. und vom Dienstherrn zu erfüllen. Nur wenn die Dienste des Gemeinschuldners ersetzbar sind, kann der K-V. die Erfüllung, gleichgültig ob die Dienste angetreten sind oder nicht, ablehnen.</td>
<td>§ 17 KO.
I. K-V. kann an Stelle des Gemeinschuldners (Dienstherr oder Dienstpflichtiger) den Vertrag erfüllen und Erfüllung verlangen.
§§ 17, 26 KO.
II. K-V. kann die Erfüllung ablehnen. Wenn Dienstpflichtiger Gemeinschuldner ist, aber nur, wenn die Dienste ersetzbar sind.</td>
<td>§ 23 KO.
Der Vertrag erlischt kraft Gesetzes mit der Konkurseröffnung, soweit er die Masse berührt.
Der Geschäftsbesorger hat keinen Schadensersatzanspruch.</td>
<td>§§ 17, 26 KO.
I. K-V. kann an Stelle des Gemeinschuldners den Vertrag erfüllen oder die Erfüllung ablehnen.
§ 649 BGB.
II. Liegt ein Werkvertrag zugrunde, so kann der Geschäftsherr kündigen.
§ 626 BGB.
III. Liegt ein Dienstvertrag zugrunde, so kann der Geschäftsherr evtl. kündigen.</td>
</tr>
</table>

<table>
<tr><th colspan="3">Haushalt, Wirtschaftsbetrieb, Erwerbsgeschäft</th><th>Andere Dienstverträge</th><th>Geschäftsherr</th><th>Geschäftsbesorger</th></tr>
<tr><th colspan="2">Dienstherr unter Geschäftsaufsicht</th><th>Dienstpflichtiger</th><th>Beide</th><th></th><th></th></tr>
<tr><th>Angetreten</th><th>Nicht angetreten</th><th>—</th><th>—</th><th></th><th></th></tr>
<tr>
<td colspan="4">§ 13^2 G-AV.
I. Dienstherr und Dienstpflichtiger können den Vertrag unabhängig vom Aufsichtsverfahren erfüllen.</td>
<td colspan="2">§ 13^2 G-AV.
I. Geschäftsherr und Geschäftsbesorger können den Vertrag unabhängig vom Aufsichtsverfahren erfüllen.</td>
</tr>
<tr>
<td>§§ 11, 13 II G-AV.
II. Dienstherr kann den Vertrag unter gesetzl. Frist kündigen. Die Schadensersatzforderung des Dienstpflichtigen nimmt am Verfahren teil.</td>
<td colspan="3">§§ 9, 13 II G-AV.
A B C
Dienstherr (A, C) und Dienstverpflichteter (B, C) können die Erfüllung mit Ermächtigung ablehnen. Der Gegner hat eine am Verfahren teilnehmende Ersatzforderung.</td>
<td colspan="2">§§ 9, 13 II G-AV.
II. Der Aufsichtsschuldner kann die Erfüllung des Vertrages mit Ermächtigung ablehnen. Der Gegner hat eine am Verfahren teilnehmende Ersatzforderung.</td>
</tr>
</table>

<table>
<tr><th>Dienstherr im Vergleichsverfahren</th><th>Dienstpflichtiger im Vergleichsverfahren</th><th>Geschäftsherr</th><th>Geschäftsbesorger</th></tr>
<tr>
<td rowspan="2">§ 4 VO.
I. Dienstherr und Dienstpflichtiger können den Vertrag unabhängig vom Vergleichsverfahren erfüllen.
§§ 28, 29 II, 30 VO.
II. Dienstherr und Dienstpflichtiger können mit Ermächtigung den Vertrag mit gesetzlicher Frist kündigen. Der Schadensersatzanspruch des Dienstpflichtigen nimmt am Verfahren teil.</td>
<td rowspan="2">§§ 4, 29 I VO.
Dienstherr und Dienstpflichtiger haben den Vertrag weiter zu erfüllen. Ein Ablehnungs- oder Kündigungsrecht besteht nicht. Zu einer Vertragsauflösung können nur allgemeine Gründe führen.</td>
<td colspan="2">§ 4 VO.
I. Geschäftsherr und Geschäftsbesorger können den Vertrag unabhängig vom Verfahren erfüllen.</td>
</tr>
<tr>
<td>§§ 28, 29 II, 30 VO.
II. Bei einem Werkvertrag können beide Parteien mit Ermächtigung ablehnen, bei einem Dienstvertrag mit gesetzlicher Frist kündigen. Geschäftsbesorger hat einen Schadensersatzanspruch.</td>
<td>§§ 28, 29 I, 30 VO.
II. Bei einem Werkvertrag können beide Parteien mit Ermächtigung ablehnen, bei einem Dienstvertrag haben sie den Vertrag weiter zu erfüllen.</td>
</tr>
</table>

Nach der Rückgabe der Ware bleibt aber noch der obligatorische Vertrag bei Bestand. War das Eigentum bereits zur Zeit der Eröffnung auf den Käufer übergegangen, so ist der Vertrag auf seiten des Verkäufers erfüllt. Im Falle der Aussonderung wird er dann gegen den Vergleichsschuldner in der Regel keine Ansprüche mehr haben. Wenn die Ware aber zur Zeit der Eröffnung noch im Eigentum des Verkäufers steht, kann der beiderseits noch unerfüllte Kaufvertrag abgewickelt werden und der Verkäufer einen Schadensersatzanspruch nach § 30 VO. geltend machen.

Mit Recht weist KIESOW[1] darauf hin, daß der Vergleichsschuldner die Aussonderungsbefugnis des Gegners nicht durch nachträgliche Kaufpreiszahlung gegenstandslos machen kann. Solange vielmehr der Verkäufer die Zahlung nicht annimmt, begibt er sich seines Aussonderungsrechts und seiner Ablehnungsbefugnis nicht. Die Lage ist hier anders als im Konkurs, wo der Verwalter den Gegner nach § 17 KO. zur Erfüllung zwingen kann.

Sondert der Verkäufer aus und bleibt der obligatorische Vertrag gemäß § 4 VO. bei Bestand, so kann der Käufer erneute Lieferung verlangen.

---

[1] KIESOW: a. a. O. — A. A.: MAYER: a. a. O.

Literatur.

AMON: Über die Erfüllung schwebender Rechtsverhältnisse im Konkurs. Erlangen, Diss. 1896.

BENDIX: Die Geschäftsaufsichtsverordnung vom 14. 12. 1916 in der Fassung der VO. vom 14. 6. 1924. 1925. — Ders.: Vergleichsordnung. 1927. — BERNHARDT: Die Vollstreckungssperre nach der Vergleichsordnung. Leipzig, Rechtsw. Studien, Heft 38. 1929. — BLEY: „Betriebsstillegungen im Konkurs- und Vergleichsverfahren." In K. u. T. 1929, Heft 5. — BORCHARDT-KOHLER: Die Handelsgesetze des Erdballs. 3. Aufl. 1906.

CAHN: Die Geschäftsaufsichtsverordnung. 1917. — Ders.: Gesetz über den Vergleich zur Abwendung des Konkurses. 1927. — Ders.: Gerichtliches Ausgleichsverfahren außerhalb des Konkurses. Gutachten zum 35. Deutschen Juristentag 1914. — Ders.: „Die gegenseitigen Verträge der VO." In K. u. T. 1927, 148.

DATHE: Wirkung der Konkurseröffnung auf gegenseitige Verträge des Gemeinschuldners. Leipzig, Diss. 1908. — DÜRINGER-HACHENBURG: Das Handelsgesetzbuch. Bd. III., 2. Aufl. 1913.

ENDEMANN: Das deutsche Konkursverfahren. 1899. — ENNECCERUS-KIPP-WOLFF: Lehrbuch des Bürgerlichen Rechts. Bd. I. 1923/24.

FISCHER: Lehrbuch des deutschen Zivilprozeß- und Konkursrechts. 1918.

GOLDBAUM: Urheberrecht und Urhebervertragsrecht. 2. Aufl. 1927. — GOLDSCHMIDT: „Das Schicksal der Filmlizenz bei Zahlungsunfähigkeit des Filmverleihers". In Archiv f. Urheber-, Film- u. Theaterrecht Bd. II, 1929. Heft 1. — GRIMM: Begründete Vermögensansprüche. Frankfurt, Diss. 1927.

HACHMEISTER: Der Inseratenvertrag als Werkvertrag. 1928. — HAHN-MUGDAN: Die gesamten Materialien zu den Reichsjustizgesetzen. Bd. IV: Materialien zur Konkursordnung. 1881. — HELLENBROICH: Erfüllung der Verträge im Konkurs. Erlangen, Diss. 1907.

JAEGER: Die Geschäftsaufsicht neuer Ordnung. 1917. — Ders.: Konkursrecht. 1924. — Ders.: Kommentar zur Konkursordnung. 6. u. 7. Aufl. (§§ 1—27), 1928/29; 5. Aufl. (§ 28ff.), 1916. — JAFFA: Das Recht des Vermögensverfalles. Bd. 1: Die Vergleichsordnung. 1927.

KAATZ: Einwirkung des Konkurses auf gegenseitige Verträge. Rostock, Diss. 1907. — KIESOW: Die Vergleichsordnung. 2. Aufl. 1928. — KIPPENBERG: Der Einfluß der Konkurseröffnung auf noch nicht erfüllte gegenseitige Verträge. Leipzig, Diss. 1907. — KLEWITZ: „Sukzessivlieferungsverträge im Vergleichsverfahren". In K. u. T. 1927. 150. — KOHLER: Leitfaden des deutschen Konkursrechts. 1903. — Ders.: Lehrbuch des Konkursrechts. 1891.

LEVY: Die Vergleichsordnung. 1927. — LUCAS: Die neue Vergleichsordnung. 1927.

MAAS: Die Wirkung der Ablehnungserklärung des Konkursverwalters. Jena, Diss. 1915. — MAKOWER: Kommentar zum Handelsgesetzbuch. 13. Aufl. — MARKMANN: Die Wirkungen der Erfüllungsablehnung des § 17 KO. auf gegenseitige Verträge. Köln, Diss. 1922. — MAYER: Kommentar zur Vergleichsordnung. 1928. — MENTZEL: Kommentar zur Reichskonkursordnung. 3. Aufl. 1928. — MOTIVE: Amtliche Begründung zum Entwurf eines Gesetzes über den Vergleich zur Abwendung des Konkurses. Reichstagsdrucksachen, III. Wahlperiode 1924—27, Nr. 2340. — MÜLLER: „Der Sukzessivlieferungsvertrag". In Gruch. Beitr. 50, S. 508.

OERTMANN: Kommentar zum Bürgerlichen Gesetzbuch. Bd. II. 1928. — Ders.: „Beiträge zur Lehre der Erfüllungspflicht des Verkäufers". In L. Z. 1927, S. 9. — OETKER: „Der Einfluß der Eröffnung des Konkursverfahrens auf noch nicht erfüllte gegenseitige Verträge". In Z. Z. P. 14, 1. (1890.)

PETERSEN-KLEINFELLER: Konkursordnung für das Deutsche Reich. 1900. — PLANCK: Kommentar zum Bürgerlichen Gesetzbuch. Bd. II. 1913.

Reichsgerichtsräte: Kommentar zum Bürgerlichen Gesetzbuch. 1928. Zit.: RGR.-Komm. — RINTELEN: Das Konkursrecht. 1902.

SALOMON: Vergleichsordnung. 1927. — Ders.: „Einfluß des Vergleichsverfahrens auf gegenseitige Verträge". In Recht und Handel, Heft 10. 1927. — SAMOLEWITZ: Vergleichsordnung. 2. Aufl. 1929. — Ders.: „Der Einfluß der Vergleichsordnung auf das Arbeitsverhältnis". In „Blätter für Arbeitsrecht" 1927, Nr. 18. — SANDROCK: Die Behandlung der zweiseitigen Verträge im Konkurse nach § 17 KO. Göttingen, Diss. 1928. — SARWEY-BOSSERT: Kommentar zur Konkursordnung. 1901. — SCHAD: Der Gemeinschuldner der Reichskonkursordnung. Tübingen, Diss. 1902. — SCHLEGELBERGER-GÜTHE: Kriegshandbuch. 1916. — SCHOLLMEYER: Schuldverhältnisse I, 1900. — SIENZ: Kommentar zur VO. 1927. — STAUB: Kommentar zum Handelsgesetzbuch. 13. Aufl. 1926. — STRITZKE: „Vergleichsordnung und Arbeitsrecht". In K. u. T. 1927. 134.

TUHR, VON: Der allgemeine Teil des deutschen Bürgerlichen Rechts. 1910, 1918. — TITZE: Recht der Schuldverhältnisse. 1925.

UNGER: Die Einwirkung der Konkurseröffnung auf schwebende Rechtsverhältnisse. Breslau, Diss. 1912.

WAECHTER: Die materiellrechtliche Seite des Konkurses. 1882. — WARNEYER: Konkursordnung (erl. durch die Rechtsprechung). 1926. — WEINBERG-MANASSE: Vergleichsordnung. 1927. — WIERUSZOWSKI: Vergleichsordnung. 1927. — WILLENBÜCHER: Die Reichskonkursordnung. 1908. — WILMOWSKI-KURLBAUM: Deutsche Reichskonkursordnung 6. Aufl. 1906. — WILMERSDOERFFER-SELO: Vergleichsordnung. 1927. — WOLFF: Die Konkursordnung. 1921.

Druck von C. G. Röder G. m. b. H., Leipzig.

GPSR Compliance

The European Union's (EU) General Product Safety Regulation (GPSR) is a set of rules that requires consumer products to be safe and our obligations to ensure this.

If you have any concerns about our products, you can contact us on ProductSafety@springernature.com

In case Publisher is established outside the EU, the EU authorized representative is:

Springer Nature Customer Service Center GmbH
Europaplatz 3
69115 Heidelberg, Germany

Batch number: 10844827

Printed by Printforce, the Netherlands